I0013022

Eine Geschichte des Computers

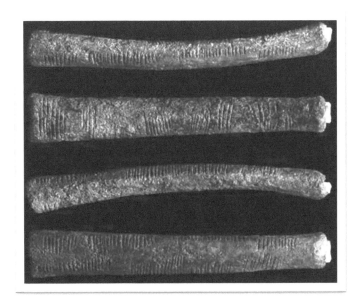

Eine Geschichte des Computers

von Daniel Gasser

Vielen Dank an Anita Estermann für die Gestaltung der Medien.
Ein grosses Dankeschön geht auch an Malin Ekdal für Kritik und Korrektur
Januar 2012

Inhaltsverzeichnis

1 Einleitung

Diese kleine Geschichte führt uns zuerst zu den Anfängen des Rechnens. Das Zählen und Unterscheiden von Mengen ist wahrscheinlich so alt wie wir selbst. *"Wie ergiebig ist meine Beute im Vergleich zur Letzten?"* Da der (Tausch-) Handel ebenfalls uralt ist, mussten wir schon früh rechnen lernen.

Dies ist aber vor allem eine Geschichte vom Werkzeug des Zählens, da der Mensch schon früh gemerkt hat, dass er beim Rechnen Hilfe braucht. Man stelle sich einen Händler vor, der den ganzen Tag Gemüse verkauft, abends nach Hause kommt und mit seinen Fingern und Zehen herausfinden müsste, ob es nun ein guter Tag war oder nicht.

Auch soll erzählt werden, dass der Computer oder die Rechenmaschine vom Menschen schon seit sehr langer Zeit benutzt und weiterentwickelt wird. Die Überschneidungen in der Entwicklung und vermeintlichen Neuerfindungen verschiedener Kulturen haben interessanterweise immer Ähnliches ergeben, sodass bewährte Systeme immer wieder auftauchten.

Hier soll aber keine vollständige Aufzeichnung der Computergeschichte abgehandelt werden, was auch wenig Sinn machen würde, da es keine einheitliche Geschichtsschreibung gibt, was wiederum von unserer Vielfältigkeit zeugt. Vielmehr soll ein Einblick in die Entwicklung dieser Maschine geben, sozusagen vom Kerbholz zum Supercomputer. *SIEHE S. 70*

1.1 Recherchen

Die Recherchen zu dieser Arbeit stammen aus Literatur und Internet. Es wurde streng darauf geachtet, dass Internetquellen nur genutzt werden, wenn sie ihrerseits Quellenangaben enthalten. Die Resultate dieser Recherchen erheben keinen Anspruch auf Vollständigkeit.

1.2   "Eine Geschichte des Computers" im Zeitraffer

Am Anfang stand und steht heute noch das Zählen mit den natürlich vorkommenden Mitteln, was die Entstehung der Zahlensysteme zur Folge hatte. Dies wiederum bewirkte, dass man grössere Zahlen berechnen konnte, was wiederum zur Konsequenz hatte, Zwischensummen speichern zu müssen, was zum Rechenschieber in [1] all seinen Variationen führte. Man wollte noch grössere Berechnungen und Resultate speichern können, was schliesslich zum heutigen Supercomputer führte. *(Als Supercomputer werden die schnellsten Rechner ihrer Zeit bezeichnet.)* [2]

1.3   Und was geschieht morgen?

Ein kleiner Ausblick in einem Gemisch aus Fantasie und Prognose.

2   Die Anfänge

2.1   Zahlensysteme oder wie zähle ich?

Die ersten "Rechenmaschinen" waren und sind unsere Finger, Hände und wahrscheinlich auch die Füsse. Mit dieser Einteilung kommt man mit einer Hand auf 5, zwei Händen auf 10 und mit den Füssen oder einem fiktiven zweiten Paar Hände auf 20. Diese Art zu zählen kann man noch heute in der französischen Sprache erkennen. Die Zahl 80 heisst quatre-vingt, sprich 4 20, also 4 x 20. Die Zahl 75 ist soixante-quinze, also 60 15 d.h. 3 x 20 + 15.

Abbildungen aus einem Rechenbuch des 16. Jahrhunderts [3].

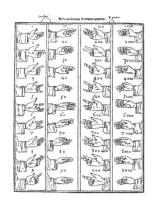

ABB. 2: EINMALEINS-TAFEL MITTELALTER/ ABB. 3: FINGERRECHNEN
QUELLE: HTTP://WWW.HS-KUCHL.SALZBURG.AT/HTML/HSK-MATH/BLATT6.HTML
COPYRIGHT: GEMEINFREI

Die Mathematik war früher ausschliesslich Priestern und Gelehrten vorbehalten, wodurch sich im Alltag andere Zählarten entwickelten und zum Teil noch heute in Gebrauch sind. In der uns Europäern bekannten Methode zählt ein Finger 1. In Indien jedoch ist ein Fingerglied 1, das heisst, pro Finger 3 Zahlen. Man zählt mit dem Daumen und beginnt bei der Fingerkuppe des Zeigefingers in Richtung der Handfläche. Man kommt somit beim dritten Glied des kleinen Fingers auf zwölf. Diese Methode wird noch immer angewandt. Nebenbei bemerkt könnte so unser Dutzend entstanden sein. Ausserdem betrieben die Inder schon früh eine hochentwickelte Astronomie, welche grosse Zahlen erforderte. Da gab, und gibt es inoffiziell immer noch, den Lakh, der im Dezimalsystem 100'000 entspricht und den Crore, der den Wert von 100 Lakh zählt. [4]

2.2   Das indische Zahlensystem

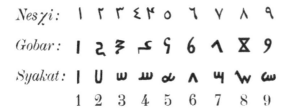

Dieses System besteht aus den ursprünglichen Brahmi -Ziffern1 bis 9, umgangssprachlich auch arabisch-indische oder arabische Ziffern genannt. Dazu kam eine Null, die aus dem Wort der Leere, des Sanskrit, der "Ur"-indischen Sprache, hervorging [4]. Dieses 9 + 1-System, oder Zehner-System ist eines der ältesten nachgewiesenen Zählsysteme und hat sich weltweit durchgesetzt.

2.3   Null und Eins

Es waren ebenfalls die Inder, die das binäre Zahlensystem erfanden. Auch Dualsystem genannt, kennt es nur 0 und 1, das heisst man beginnt bei Null, dann   0,   1,   01,   10,   11,   100,   101   usw. Es wurde um 800 vor Christus erdacht. Wir werden auf dieses System näher eingehen, wenn es um die mechanischen, also modernen Rechenmaschinen geht. *SIEHE S. 34.*

2.4   Das griechische Zahlensystem

Bei den griechischen Zahlen werden die Buchstaben als Ziffern dargestellt. Dabei gibt es drei Arten, das akrophone, das milesische und das Thesis-Prinzip [5]. *SIEHE TABELLE 1*

Buchstabe		Akrophon	Thesis	Milesich	Buchstabe		Akrophon	Thesis	Milesich
Alpha	A	–	1	1	Ny	ν	–	13	50
Beta	B	–	2	2	Xi	ξ	–	14	60
Gamma	γ	–	3	3	Omikron	o	–	15	70
Delta	δ	10	4	4	Pi	π	5	16	80
Epsilon	ε	–	5	5	Qoppa	ϟ	–	–	90
Stigma	ς	–	–	6	Rho	ρ	–	17	100
Zeta	ζ	–	6	7	Sigma	σ	–	18	200
Eta	η	100	7	8	Tau	τ	–	19	300
Theta	θ	–	8	9	Ypsilon	υ	–	20	400
Iota	ι	1	9	10	Phi	φ	–	21	500
Kappa	κ	–	10	20	Chi	χ	1000	22	600
Lambda	λ	–	11	30	Psi	ψ	–	23	700
My	μ	10000	12	40	Omega	ω	–	24	800
					Sampi	ϡ	–	–	900

TABELLE 1 ZAHLENWERTE - GRIECHISCHE ZIFFERN

2.5   Römische Ziffern

Als Ziffern benutzten die Römer Buchstaben, die aus Grundzeichen und Hilfszeichen zusammen-gesetzt wurden. So war zum Beispiel eins I (gross i) und fünf war V. Somit ergab sechs VI (fünf + eins) und vier ergab IV (fünf – eins) [6]. *SIEHE TABELLE 2*

Grundzeichen			Hilfszeichen		
Zehnerpotenz	Dezimalzahl	Römische Ziffer	Fünffache der Zehnerpotenz	Dezimalzahl	Römische Ziffer
10^0	1	I	5*10^0	5	V
10^1	10	X	5*10^1	50	L
10^2	100	C	5*10^2	500	D
10^3	1000	M	5*10^3	5000	Ð

TABELLE 2: RÖMISCHE ZIFFERN

2.6   Das chinesische Zahlensystem

Die Darstellung der Zahlen von 0 bis 9 ist wurde bei den alten Chinesen mit Bambusstöckchen bewerkstelligt. Ausserdem kam ein Gestänge, ähnlich einem Notenständer zum Zuge, um höhere Zahlen darstellen zu können. [4, 6] Dies soll jedoch später eingehend behandelt werden. Das antike chinesische System beruht jedoch auch auf den Fingern einer Hand, also ein Zehnersystem mit der zusätzlichen Potenz[1] Fünf. Dieses wird uns auch beim Abakus wieder begegnen.

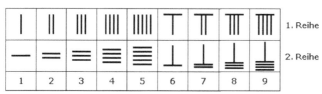

ABB. 5: CHINESISCHE ZIFFERN
QUELLE: MANFRED BÖRGENS MATHEMATIK AUF BRIEFMARKEN
COPYRIGHT: UNBEKANNT

---

[1] **Potenz**: zahl^Potenz , Beispiel: $2^4 = 2 \times 2 \times 2 \times 2$ (gesprochen: zwei hoch vier)

2.7   Die babylonische Keilschrifttafel

Die Babylonier benutzten eine Zählweise, die auf der 60er-Potenz beruhte. So waren sie in der Lage, beliebige Zahlen darzustellen, sowie alle arithmetischen Grundoperationen aber auch Quadrat- und Wurzel-Berechnungen auszuführen. Sie wandten eine Keilschrifttafel an, die man durchaus als Rechenmaschine bezeichnen kann und das 7000 Jahre vor Christus. [7]

2.8   Das hexadezimale System

Dieses System wird hier erwähnt, weil es oft in der Computer-Programmierung Verwendung findet. In den Anfängen der elektronischen Computer bestand die einzige Kommunikationsmöglichkeit mit diesen Maschinen in Form der Eingabe von Kombinationen von 1 und 0.

Später wurde dieses doch recht mühsame System durch hexadezimale Befehle erweitert, was die Programmierung enorm vereinfachte. Bei dieser Zählweise verwendet man die Ziffern 0 bis 9 plus die Buchstaben A bis F. womit man 16 "Ziffern" zur Verfügung hat. Dieses System eignet sich auch deshalb zum

Programmieren, da die Grösseneinteilung des Computers auf Bits und Bytes beruht, wobei 1 Byte 8 Bits hat. *SIEHE KAPITEL 7.6 BITS AND BYTES, SEITE 55*

2.9   Weitere Systeme des Zählens

Selbstverständlich gibt es viele weitere nennenswerte Arten, wie verschiedene Völker mit anderen Zahlensystemen zählten. Da diese Geschichte aber nicht von Zahlensystemen, sondern vom Werkzeug dafür handelt, werden hier weitere historische und moderne Zahlensysteme schlicht unterschlagen.

3   Definition eines Computers

3.1   Rechnen

Eine Rechenmaschine dient, wie der Name schon sagt, dem Zweck zu rechnen. Sie hilft uns bei mehr oder weniger komplexen Rechenaufgaben, im Idealfall erledigt sie die Arbeit selbstständig.

3.2   Speichern

Die Speicherfähigkeit oder das Behalten von Resultaten für weitere Berechnungen ist auch ein Kriterium. Auch wenn eine "Maschine" nur zu einer einzigen Berechnung fähig ist, ist es trotzdem eine Rechenmaschine.

3.3   Eingabe

Wir können eine solche Maschine mit Zahlen füttern. Auch Text und Bilder sind für den Computer nur Zahlen, das heisst, ein Kriterium eines Rechners ist es, programmierbar zu sein. Ob nun die Zahlen mit einem Messer in ein Stück Holz geritzt oder per Tastatur eingegeben werden, ist für die Definition nicht von Belang.

3.4   Ausgabe

Sei es nun das Speichern auf ein Magnetband, das Zur-Seite-Schieben einer gewissen Anzahl von auf einer Schnur aufgereihten Kugeln oder die Ausgabe am Bildschirm, eine Rechenmaschine muss uns etwas zurückliefern, im besten Fall das gewünschte Resultat.

3.5   Die Maschine

Die Maschine macht die Rechenhilfe erst zum Computer. Das Wort Maschine entstammt dem Französischen *machine*, lateinisch *machina*, griechisch *mechané* - *Werkzeug, künstliche Vorrichtung, Mittel,* [8].

3.6   Computer oder Rechenmaschine

Damit keine Missverständnisse aufkommen; das Wort Computer kommt aus dem Englischen *to compute* (rechnen), das sich wiederum vom lateinischen Wort *computare* (aus-, berechnen) herleitet. Daher heisst der Computer zu Deutsch Rechenmaschine. [9]

3.7   Von Definitionen oder was wäre, wenn...

Einige der in dieser Geschichte beschriebenen antiken Rechenmaschinen waren eher Rechenhilfen denn wirkliche Computer, da sie die Fähigkeit zu speichern nicht besassen. Es sind jedoch wichtige Entwicklungsstufen, ohne die der heutige Computer wahrscheinlich nicht existieren würde.

4   Die Entwicklung

4.1   Vom Holz zum Silizium

Um einen Computer zu kreieren, muss man sich zuerst Gedanken über ein Zahlensystem machen. Wie oben erwähnt, benutzen wir Europäer das Zehner- oder Dezimalsystem, das 10 Ziffern besitzt, 0 bis 9 und somit auf 10er- Einteilungen beruht. Die heutigen Computer arbeiten mit dem dualen oder binären System, das nur die Ziffern Null und Eins kennt, also Ja oder Nein, Strom fliesst oder nicht. Man stelle sich vor, dass wenn man einen Brief in Word® schreibt, der Computer alles in Nullen und Einsen "übersetzen" muss. Noch unvorstellbarer ist dieser Vorgang, wenn man ein modernes Computerspiel mit ausgefeilter Grafik spielt.

Die altertümlichen Computer wurden mechanisch oder manuell bedient, was natürlich komplexe Rechenvorgänge, wie zum Beispiel eine Prognose der Klimaentwicklung, welche sehr viele Variablen[2] zur Berechnung erfordert, unmöglich machte. Dennoch waren die antiken Rechenmaschinen schon fähig, grössere Berechnungen anzustellen, was unser Gehirn schon damals sehr entlastete.

---

[2] *Variable: eine veränderliche Größe, die verschiedene Werte annehmen kann [54]*

4.2 Das Zählholz, Kerbholz

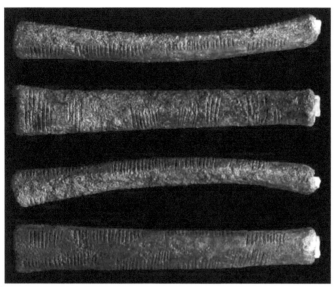

Die ersten Computer wurden, wie gesagt, manuell bedient. Ob es nun Steine verschiedener Grössen waren, Knochen oder Holzstücke.

Als erste Rechenmaschine kann man, glaube ich, das Keil-, Zähl- oder Kerbholz bezeichnen, da man mit diesem Computer, auch Zählstab genannt, komplexere Berechnungen anstellen konnte, als mit Händen und Füssen.

Die wahrscheinlich Ältesten sind der Ishango- und Lebomboknochen, die in Afrika, wie könnte es anders sein, der Wiege der Menschheit, gefunden wurden. Beide sind uralt. Sie konnten zwar noch keine Resultate speichern, welches ja eines der Kriterien für einen Computer ist, was aber komplexere Berechnungen betrifft, erfüllen diese beiden Rechenmaschinen die Kriterien voll und ganz.

Manche Wissenschaftler bezweifeln die Anordnung der Kerben. Meinen Recherchen zufolge kann man eher nicht von einer zufälligen Anordnung ausgehen. Es könnte ein zufälliges Muster sein, aber auch ein arithmetisches Spiel. Vladimir Pletser hat dazu ein mathematisches Schema entworfen. [7, 10],.*SIEHE KAPITEL 4.4*

4.3   Der Lebombo-Knochen

Das Wadenbein eines Pavians wurde in den Lebombo-Bergen in Swasiland gefunden. Er wird auf ein Alter von sage und schreibe 35'000 Jahren geschätzt. In der Fläche ist eine Serie von 29 Kerben eingeschnitzt. Dieser Knochen half den Buschmännern zu rechnen, aber wahrscheinlich auch die Zeit zu bemessen. Der Lebomboknochen gilt als ältestes mathematisches Artefakt. [11, 12]

4.4   Der Ishango-Knochen

Der Ishangoknochen wurde nahe der kongolesisch-ugandischen Grenze gefunden. Er hat am oberen Ende einen eingelassenen Quarz, der als Griffel gedient haben könnte. Darunter sind feine, horizontal verlaufende Kerben geschnitzt, die sich in drei Gruppen unterteilen lassen. Die linke Spalte beinhaltet die Zahlen 11, 13, 17 und 19, die Mittlere 3, 6, 4, 8, 10 (oder 9), 5, 5, 7 und die rechte Spalte die Zahlen 11, 21, 19, 9.

Herr Vladimir Pletser, Wissenschaftler bei der ESA (Europäische Weltraumorganisation), bemerkte, "*...dass sich die Zahlen der äusseren Spalten durch Addition von aufeinanderfolgenden Zahlen der mittleren Spalte gewinnen lassen...*" [13] *SIEHE TABELLE 3.*

Mitte									Links	Rechts
3	+6		+2					=		11
1	+6	+4						=	11	
		4	+6	+3				=	13	
		4	+8	+9				=		21
			8	+9				=	17	
				9	+5	+5		=		19
2					+7	+5	+5	=	19	
						2	+7	=		9
6	12	12	24	30	12	12	12		60	60

TABELLE 3: PLETSERS ADDITIONSTAFEL

4.5   Das chinesische Zählbrett – Counting Board

Die Bambusstöckchen aus den Abbildungen *ABB. 8* und *FEHLER! VERWEISQUELLE KONNTE NICHT GEFUNDEN WERDEN.* wurden angeblich in einer bestimmten Reihenfolge auf das Brett gelegt.

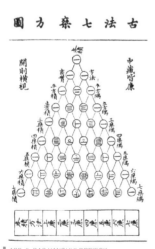

ABB. 8: CHINESISCHE ZIFFERN
QUELLE: WIKIPEDIA
COPYRIGHT: CC BY-SA 4.0

Die Recherchen zu dieser Arbeit förderte viel Widersprüchliches zu Tage. Einige Quellen berichten sogar, dass es dieses Brett nie gegeben haben soll. [13] Deshalb werde ich hier nicht weiter auf diese Rechenhilfe eingehen.

4.6   Die chinesischen Zählstäbe – Das Yanghui-Dreieck

Diese Rechenmaschine entwickelte sich wahrscheinlich aus dem bereits erwähnten Zählholz. Sie wurde schon von den Erfindern dokumentiert, so dass hier ein wenig über diesen Computer berichtet werden soll, der ausser von den Chinesen auch von den Japanern genutzt wurde.

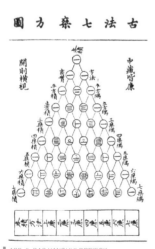

ABB. 9: DAS YANGHUI-DREIECK
QUELLE: WIKIMEDIA COMMONS
COPYRIGHT: PUBLIC DOMAIN

Die horizontalen Stäbchen repräsentierten die Zehner, Tausender, Hundertausender etc. Die Vertikalen zeigten Einer, Hunderter, Zehntausender, etc. Rote Stäbchen standen für positive Zahlen, Schwarze für Negative.

Der Wert bestimmte sich durch die Position auf den Stäbchen. Eine 9 ganz rechts steht für eine 9, wird sie um eine Position nach links verschoben, also auf der horizontalen, der "10er"-Ebene, ist der Wert 90. Wird sie um eins nach unten verschoben, also auf der vertikalen, der "100er"-Ebene, ergibt dies 900. So konnten sehr grosse Zahlen berechnet werden. Ausserdem waren Berechnungen mit Quadratwurzeln, Kubikzahlen, ja sogar Pi (π) möglich. [14]

4.7   Der Abakus (Suan Pan)

Der wohl berühmteste antike Computer ist der Abakus (*aus dem Griechischen abax oder abakos → das Brett, die Tafel. Es könnte auch aus dem phönizischen abak stammen → Auf eine Fläche gestreuter Sand zum Schreiben* [15].), zu Deutsch Rechenschieber, der noch heute benutzt wird. Wahrscheinlich haben die Chinesen und Ägypter diese Maschine um 3000 vor Christus erfunden. Jedoch hatten die Japaner auch sehr früh diese Art von Computer.

Dieses System war und ist so erfolgreich, dass es spätere Kulturen übernahmen und zum Teil als Ihre Invention ausgaben. Noch heute wird in Asien mit dem Abakus gerechnet. In unseren Breitengraden ist diese grandiose Erfindung leider zum Kinderspielzeug geworden.

ABB. 10: DER CHINESISCHE ABAKUS
QUELLE: DER ABAKUS - EINE ALTE RECHENMASCHINE
COPYRIGHT: DIPL.-PÄD. ROLF FRALDRICH

Der Abakus besteht aus einem Rahmen, auf dem vertikale Stangen angebracht sind, auf welchen Kugeln aufgereiht werden. Auch Modelle mit Schnüren waren in Benutzung. Eine andere Art ist ein Brett mit halbrunden Vertiefungen, in denen Kugeln hin- und hergeschoben werden. [16, 17]

4.8   Wie funktioniert der Abakus?

Zum besseren Verständnis nehmen wir obige Abbildung als Beispiel. Jede vertikale Stange steht für eine Stelle im Dezimal-system.
Die Stange ganz rechts zeigt die Einer an, Diejenige ganz links zeigt die 13. Stelle, eine 1 mit 12 Nullen oder 1 x 10^{12}. Die zwei Kugeln oberhalb der waagrechten Strebe stehen für zwei Fünfergruppen der jeweiligen unteren Stange. [18]

Gewünschte Zahl: 87	
Zwei Kugeln der 1er-Stelle	2
Eine Gruppe der 1er-Stelle	5
Eine Gruppe der 10er-Stelle	50
Drei Kugeln der 10er-Stelle	30
Total	**87**

Gewünschte Zahl: 1623	
Drei Kugeln der 1er-Stelle	3
Zwei Kugeln der 10er-Stelle	20
Eine Gruppe der 100er-Stelle	500
Eine Kugel der 100er-Stelle	100
Eine Kugel der 1000er-Stelle	1000
Total	**1623**

TABELLE 4: ABAKUS BEISPIELE

4.9   Schritt für Schritt

Hier soll nun noch eine etwas komplexere Zahl dargestellt werden, um zu zeigen, dass dieser Computer mit grösseren Additionen bestens zurechtkommt.

Unsere Rechnung ist: **129 + 887**

4.10   Lösungsschritte

Schritt 1

In der Grundstellung liegen alle Perlen oben bzw. unten am Rahmen.

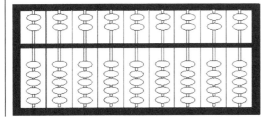

Schritt 2

Zuerst schiebt man die **129**
in Richtung der horizontalen Strebe:
4 Einer-Perlen und **eine Fünfer**-Perle, **2 Zehner**-Perlen und **1 Hunderter**-Perle.

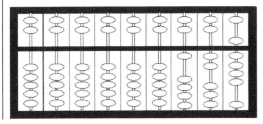

Schritt 3

Jetzt addiert man, ausgehend von den Einern, durch Schieben schrittweise die **887** dazu, also zuerst **plus 7**

Schritt 4

Nachdem man **eine Einer**-Perle verschoben hat, tritt ein Problem auf.
Man muss eine neue Zehnerbündelung vornehmen.

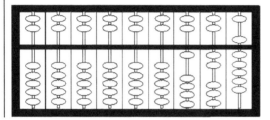

Schritt 5

Alle Einer-Perlen werden nach unten verschoben, d.h. in die Grundstellung
gebracht.
Nun wird **eine Fünfer**-Perle als Gegenwert nach unten verschoben. Jetzt
werden **die beiden Fünfer**-Perlen nach oben verschoben. Dafür wird **eine
Zehner-Perle** als Gegenwert nach oben verschoben.

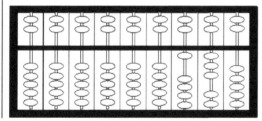

Schritt 6

Nun wird **eine Fünfer**-Perle und **eine Einer**-Perle zum mittleren Rahmen hin
verschoben. Das entspricht in ihrer Summe den **restlichen 6** (von den
ursprünglich 7) Rechenperlen.

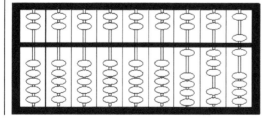

Schritt 7

Jetzt addiert man in der Zehner-Perlenreihe durch Schieben **plus 80**.

Schritt 8

Dazu werden **eine Fünfziger**-Perle und **2 Zehner**-Perlen zum mittleren Rahmen hin verschoben. Eine Hunderterbündelung wird erforderlich.

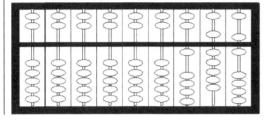

Schritt 9

Alle Zehner-Perlen werden nach unten verschoben, d.h. in die Grundstellung gebracht.
Nun wird **eine Fünfziger**-Perle als Gegenwert nach unten verschoben. Jetzt werden **die beiden Fünfziger**-Perlen nach oben verschoben. Dafür wird **eine Hunderter**-Perle als Gegenwert nach oben verschoben.

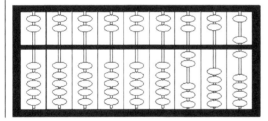

Schritt 10

Nun wird die eine restliche Zehner-Perle (von den **ursprünglich 8**) nach oben verschoben.

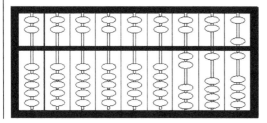

Schritt 11

Jetzt verschiebt man in der Hunderter-Perlenreihe **8 Hunderter**-Perlen, also **plus 800**.

Schritt 12

Nachdem man **3 Hunderter**-Perlen und **eine Fünfhunderter**-Perle verschoben hat, muss eine Tausenderbündelung vorgenommen werden.

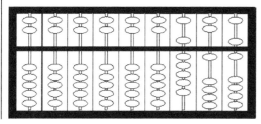

Schritt 13

Alle Hunderter-Perlen werden nach unten verschoben, d.h. in die Grundstellung gebracht.
Dafür wird **eine Fünfhunderter**-Perle als Gegenwert nach unten verschoben.
Jetzt werden **die beiden Fünfhunderter**-Perlen nach oben verschoben. Dafür wird **eine Tausender**-Perle als Gegenwert nach oben verschoben.

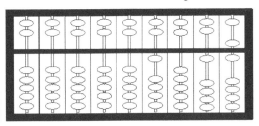

Schritt 14

Jetzt kann das Ergebnis abgelesen werden:
1 Tausender-Perle,
0 Hunderter-Perlen,
1 Zehner-Perle und
1 Fünfer-Perle und **1 Einer**-Perle (= **6**).

Die Lösung lautet folglich: 129 + 887 = 1016

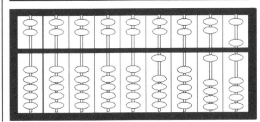

Quelle: [18]

Nun aber genug der Rechnerei. Diese Beispiele sollten zur Demonstration der Fähigkeiten des Abakus genügen.

4.11   Weitere Kulturen

Wie gesagt, viele Völker und Kulturen besassen den Abakus. Das Prinzip ist bis heute das Gleiche geblieben. Deshalb macht es wenig Sinn, hier im Detail aufzuzählen, welche alten Kulturen dieses geniale Gerät auch entwickelten, übernahmen oder zumindest dachten, sie hätten es erfunden. Natürlich hatten die Griechen, Römer, Kelten alle den Abakus. Die benutzten Zahlensysteme variierten, ebenso wie die verwendeten Materialien oder die Grenzen der Berechnungsmöglichkeiten.

4.12   Die eigentliche Maschine

Nun beschäftigen wir uns mit dem nächsten Schritt; der Quantensprung zu den mechanisch angetriebenen Computern, also die Geburt der mechanisch angetriebenen Rechenhilfen. Zum ersten Mal konnten Resultate dauerhaft gespeichert werden. Somit erfüllen diese mechanischen Rechenmaschinen alle Kriterien eines Computers.

Man kann auch sagen, dass mechanische Computer analoge Rechner sind. Eine analoge Berechnung meint, dass die Werte, Zahlen durch eine reelle, fixe Grösse dargestellt werden.

Die Stellung eines Zahnrades, die Grösse eines Winkels oder die Länge einer Schnur sind solche analogen Grössen. Im Gegensatz zu einem digitalen Computer, der die Werte volatil, flüchtig darstellt.

4.13   Der Mechanismus von Antikythera

Dies ist der nachweislich älteste Computer der Welt.

Er bekam seinen Namen von der griechischen Insel Antikythera, vor deren Küste dieses Artefakt bei archäologischen Tauchgängen im Jahr 1901 gefunden wurde. Zuerst erkannte man den Zweck dieses Geräts nicht, da es korrodiert und nur noch ein Klumpen seiner selbst war. Ein Jahr später erkannte der griechische Archäologe Valerios Stais die Mechanik, die jedoch weitgehend zerstört war.

Es sollte noch über 100 Jahre dauern, bis Wissenschaftler im Jahr 2006 den Algorithmus[3] entschlüsseln konnten. Der Antikythera-Mechanismus diente als Sonnenkalender auf einer, als Mondkalender auf der anderen Seite. Ausserdem gab es einen Umlaufbahnkalender, der Sonnen- und Mondfinsternisse, man staune, auf eine Stunde genau angab. [19]

---

[3] *Ein **Algorithmus** ist eine aus endlich vielen Schritten bestehende eindeutige Handlungsvorschrift zur Lösung eines Problems oder einer Klasse von Problemen. [53]*

Im September 2005 hat das unter dem griechischen Kulturministerium ins Leben gerufene *Antikythera Mechanism Research Project* [20] mit Wissenschaftlern aus Grossbritannien und Griechenland begonnen, diesen Computer mit modernster Digital-Bild-Technik und hochauflösenden Röntgenstrahlen (Tomographien) zu untersuchen. Sie fanden unter anderem heraus, dass dieser Kalender, der mit einem Differentialgetriebe[4] ausgestattet war, sogar die Unregelmässigkeiten der Mondumlaufbahn präzise berechnen konnte, was die Gelehrten unserer Tage bei der Entdeckung doch sehr erstaunte. [21]

ABB. 12: ANSICHT MIT GETRIEBE UND ZIFFERNBLÄTTER (MODELL)
QUELLE: WIKIMEDIA COMMONS
COPYRIGHT: CC BY-SA 4.0

Noch erstaunlicher ist das Alter dieses Mechanismus von über 2000 Jahren. Die Schiffsplanken des Wracks wurden auf 220 v. Chr. datiert, die an Bord gefunden Münzen auf 60 – 70 v. Chr. Dieser Mechanismus war so weit entwickelt, dass es die folgenden tausend Jahre keine Erfindung gab, die Diesen an Komplexität und Raffinesse übertreffen konnte.

---

[4] *Differentialgetriebe:* Umlaufrädergetriebe: Zur Verteilung der Leistung auf 2 Wellen.

5   Stillstände in der Entwicklung

5.1   Das Ende der Antike

Mit dem Ende der Antike geriet auch die Entwicklung des Computers ins Stocken. Der Abakus war noch im römischen Reich in regem Gebrauch und bis ins 17. Jahrhundert weit verbreitet. Im späteren Mittelalter wurde der Abakus von den ersten Rechenmaschinen der Neuzeit verdrängt.

5.2   Das Mittelalter

Die Pest, die zum ersten Mal im 14. Jahrhundert in Europa wütete und Millionen Opfer forderte, bremste nicht nur die Entwicklung des Computers, sondern förderte auch Aberglauben und religiösen Extremismus. Solche gesellschaftlichen Faktoren sind Gift für jedes Streben nach Wissen und Verstand. [22]

5.3   Wie ging es weiter?

427 vor Christus wurde Platon geboren, der anders als seine Zeitgenossen dachte und somit einen wichtigen Schritt tat. 725 nach Christi Geburt konstruierten ein chinesischer Ingenieur und ein buddhistischer Mönch die erste mechanische Uhr. Leonardo da Vinci beschrieb ein Räderwerk mit 10er-Stellen, Schickard (1624), Pascal (1640) und Leibniz (1672) folgten mit ihren mechanischen Rechnern. [23, 24] Von diesen und anderen Erfindern soll nun berichtet werden.

6   Was geht ohne Elektrizität?

Um die Frage gleich zu beantworten: Es geht viel ohne Strom. In diesem Kapitel sollen Rechner beschrieben werden, die mit Federn, Wasser, Dampf oder manuell betrieben wurden und uns bis in die Neuzeit führen werden, da der Computer mit Strom erst Ende des 19. Jahrhunderts erdacht und im folgenden Jahrhundert gebaut wurde. Dies wird Thema im folgenden Kapitel. *KAP. 9 DER SCHRITT ZUR ELEKTRIZITÄT, SEITE 50.*

6.1   Gedanken stehen nicht still

Obwohl die Entwicklung des Computers nach der Antike massiv ins Stocken geriet, gab es Menschen, die unsere Art zu denken in neue Bahnen leiteten, was nicht unwesentlich zur Entwicklung des modernen Computers beigetragen hat. Solange wir auf das späte Mittelalter warten - denn da geht es weiter - wollen wir einen Abstecher zu ein paar Erfindungen wagen, die massgeblich dazu beigetragen haben, dass wir logisch denken oder Fakten und Beweise brauchen, um etwas darzulegen.

6.2   Die Logik des binären Zahlensystems

Dieser Schritt war in der gedanklichen Entwicklung der Logik für den Computer, wie wir ihn kennen, enorm wichtig. Wie schon bei den Zahlensystemen erwähnt, funktionieren sämtliche modernen Rechenmaschinen im binären System. Diese mechanischen (modernen) Computer tauchten zwar erst im 17. Jahrhundert auf, jedoch war diese Erfindung 800 vor Christus einer der Grundsteine für die Entwicklung unserer PC's.

1 Stelle	2 Stellen		3 Stellen			4 Stellen			
0	0	0	0	0	0	0	0	0	0
1	0	1	0	0	1	0	0	0	1
	1	0	0	1	0	0	0	1	0
	1	1	0	1	1	0	0	1	1
			1	0	0	0	1	0	0
			1	0	1	0	1	0	1
			1	1	0	0	1	1	0
			1	1	1	0	1	1	1
						1	0	0	0
						1	0	0	1
						1	0	1	0
						1	0	1	1
						1	1	0	0
						1	1	0	1
						1	1	1	0
						1	1	1	1

Da es nur 0 und 1 gibt, liegt die Macht dieses Systems nicht in der Höhe möglicher Zahlen oder Werte, sondern in der Anzahl der möglichen Kombinationen von Null und Eins. Nebenstehende Tabelle zeigt uns einige mögliche Kombinationen einer 0 und einer 1.

Bei jeder Stelle, die in diesem System keine Dezimalstelle (10), sondern eine binäre Stelle (2) ist, erhöht sich der Faktor um 2 (x 2).

6.3   Die Unruh

Der Mönch Yi Xing lebte um 700 vor Christus. Er hat eine wasserbetriebene Armillarsphäre oder Weltmaschine[5] gebaut. Die einzelnen Zahnräder dieser Maschine drehten sich in unterschiedlicher Geschwindigkeit, das Schnellste bewegte sich um ca. 3000 Zähne am Tag, das Langsamste um einen Zahn alle fünf Tage. Dieser Kalender war ein Meisterwerk der Mechanik und Präzision. Die darin enthaltene Unruh ist wahrscheinlich die älteste der Welt.

ABB. 13: DIE UNRUH
QUELLE: WIKIMEDIA COMMONS
COPYRIGHT: PUBLIC DOMAIN

Eine Unruh ist ein Schwungrad, dessen Bewegung durch ein pendelndes Gewicht, eine Spiralfeder oder eben durch Wasser ausgelöst wird.

Bei der hier vorgestellten Unruh entspannt sich eine Spiralfeder und dreht so das Schwungrad. Dabei "überdreht" dieses bei jedem Umlauf. Mit der so entstandenen überschüssiger Energie wird die Feder wieder aufgezogen, gespannt und der nächste Umlauf beginnt. [25]

---

[5] *Armillarsphäre, Weltmaschine*: Ein astronomisches Gerät, das der Darstellung der Bewegung von Himmelskörpern dient. [55]

6.4   Platon

Platon brachte uns und unsere Gedanken dem "Denken" einer Maschine näher. Er revolutionierte das logische Denken. Man kann ihn guten Gewissens als Begründer des Rationalismus[6] bezeichnen. *"Das Einzelne ist im Kontext des Ganzen zu betrachten. Es gilt, Identität und Diversität in der Ideenstruktur zu erkennen. Das Ziel besteht darin, das Wesen von etwas zum einen zusammenschauend zu erfassen und begrifflich zu bestimmen..."* [26].

Diese Art zu Denken benutzen wir noch heute. Wir, die westliche Welt, glauben seit Platon nicht mehr so sehr an Naturgeister, böse Dämonen und Ähnliches. Wir wären heute wahrscheinlich nicht in der Lage, komplexe Software (Software: Zusammenspiel von Befehlen an den Computer) zu kreieren, wenn Platon nicht gewesen wäre.

6.5   Leonardo da Vinci

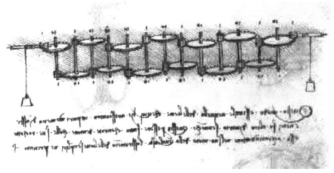

ABB. 14. ZEICHNUNG LEONARDOS ZUR KONSTRUKTION EINER RECHENMASCHINE
QUELLE: WIKIPEDIA
COPYRIGHT: GEMEINFREI

Man vermutet, dass er den ersten automatischen 10er-Übertrag gezeichnet und erläutert hat. Zu seiner Zeit kam es nie zur Realisierung oder es ist zumindest nichts darüber bekannt.

---

[6] *Rationalismus: "...(lat. ratio: Vernunft) bezeichnet philosophische Strömungen und Projekte, die rationales Denken beim Erwerb und bei der Begründung von Wissen für vorrangig oder sogar für allein hinreichend halten..." [56]*

Da Vinci (1452 - 1519) beschrieb ein Räderwerk, das nach dem Wert 9 auf die nächst höhere Zehnerstelle wechselte. Wir erinnern uns an unser Dezimalsystem mit den Zehnerschritten. Dies war wohl die erste dokumentierte automatische Berechnung

1968 gelang IBM der Bau dieser Maschine, womit bewiesen war, dass dieser Rechner die Addition beherrschte. [24]

6.6   Der Logarithmus

Dies war auch ein wichtiger Entwicklungsschritt im Denken. Die Inder, wieder einmal, erwähnten die Logarithmen schon 200 v. Christus. Der deutsche Mathematiker Michael Stifel formulierte im Jahre 1544 die Formel, die als Grundstein des modernen Logarithmus gilt. Die Definition von Wikipedia lautet wie folgt:

$$q^m q^n = q^{m+n}$$

$$\frac{q^m}{q^n} = q^{m-n}$$

*"... Logarithmus,... ist eine **Umkehroperation** des **Potenzierens**. Sie löst also die Gleichung a = bˣ nach dem Exponenten x auf...Mit Logarithmen lassen sich ... wachsende Zahlenreihen übersichtlich darstellen..."* [27]

ABB. 15: STIFELS FORMELN

Auch der Schweizer Uhrenmacher Jost Bürgi und der Schotte John Napier entwickelten den Logarithmus unabhängig von Stifel. Ich erspare dem werten Leser jedoch die trockene Algebra und somit die Erklärung der famosen Formeln. [27]

6.7   Die Multiplikation

Für den weiteren Verlauf der Geschichte müssen wir aber trotzdem ein bisschen Mathematik betreiben. Als Beispiel nehmen wir die Rechnung **42 x 153**.

Es gibt zwei Möglichkeiten des Multiplizierens, des "Mal"-Rechnens. Die Erste (*Tabelle 5*) ist uns geläufig und wird in der Schule gelehrt

1	4	2	x	1	3	4
				2	6	8
			5	3	6	
+			1	3	4	
		1	9	0	2	8

TABELLE 5: VEREINFACHTE ADDITION (MULTIPLIKATION)

Die zweite Möglichkeit (*Tabelle 6*) besteht darin, die Faktoren auseinander zu nehmen und zurück in eine Addition zu wandeln.

	1	4	2	x	1	3	4
					1	3	4
2x					1	3	4
				1	3	4	
				1	3	4	
				1	3	4	
4x				1	3	4	
1x			1	3	4		
			1	9	0	2	8

TABELLE 6: UMGEWANDELTE MULTIPLIKATION (ADDITION)

Dieser kleine Ausflug hilft uns, die folgenden Rechenmaschinen besser zu verstehen, da sie für eine Multiplikation mehrere Additionen hintereinander schalten. Uns fällt die erste Methode (*TABELLE 5*) leichter. Maschinen kommen aber besser mit der Zweiten (*TABELLE 6*) klar. Die Multiplikation ist also nichts anderes als eine vereinfachte Addition.

6.8 Napiersche Rechenstäbchen

7 x 1 =
7 x 2 =
7 x 3 =
7 x 4 =
7 x 5 =
7 x 6 =
7 x 7 =
7 x 8 =
7 x 9 =

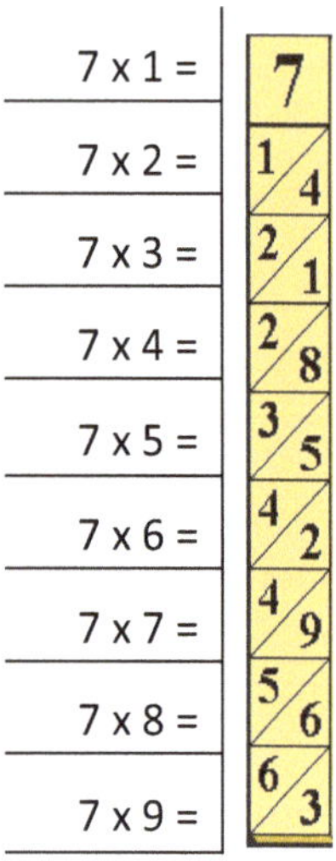

Im Jahre 1614 veröffentlichte John Napier seine Arbeit der Rechenstäbchen, auch Nepersche Stäbchen genannt. Das Prinzip beruht auf Holzstücken, auf denen oben links und unten rechts je eine Ziffer von 0 bis 9 steht.

Beim 7er-Stäbchen zum Beispiel stehen oben links die Ziffern von 1 bis 6 und mit der Ziffer unten rechts zusammen gelesen ergibt dies das jeweilige Resultat des 7er-Einmaleins.

Das Ganze ist in einem Rahmen platziert, das die Zeilen 1 bis 9 enthält. So können die Stäbchen beliebig angeordnet werden, die oberste Ziffer auf dem Stäbchen ist die jeweilige Dezimalstelle. Die Produkte können nun abgelesen und addiert werden. [28]

7 × 1 =
7 × 2 =
7 × 3 =
7 × 4 =
7 × 5 =
7 × 6 =
7 × 7 =
7 × 8 =
7 × 9 =
BRETT
STÄBCHENSATZ

ABB. 16: NAPIERS RECHENBRETT INKL. STÄBCHENSET
QUELLE: WIKIMEDIA COMMONS

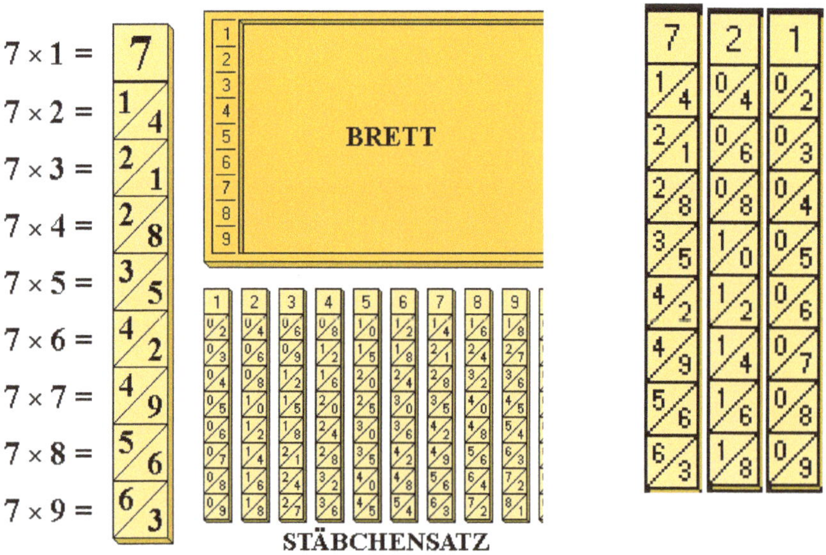

Nehmen wir als Beispiel die Zahl 721 in *Abb. 17*. Man platziert von links die Stäbchen mit dem 7er-, 2er- und 1er-Einmaleins.

In der *TABELLE 7* kann man als Beispiel die Produkte von 1 x 721 bis 4 x 721 ablesen.

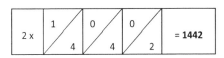

2	x	7	2	1
				2
			4	0
		1	4	0	0
		1	4	4	2

4	x	7	2	1
				4
			8	
	2	8		
	2	8	8	4

2	x	7	2	1
				2
			4	0
		1	4	0	0
		1	4	4	2

TABELLE 7 NAPIERSCHE RECHNUNG

6.9   Der Rechenschieber

Der Rechenschieber besteht aus drei Bestandteilen. Der **Stabkörper**, indem die **Zunge** eingelassen ist. Der **Läufer** gleitet über dem Stabkörper. Das Prinzip beruht auf den Napierschen Stäbchen. Da diese Rechenhilfe in den verschiedensten Bereichen verwendet wird, unterscheiden sich die Skalen enorm. Um das Prinzip zu verstehen, nehmen wir einen einfachen Schieber, der zwei gegenläufige Zungen hat. Als Beispiel soll die einfache Multiplikation **2 x 3 = 6** dienen. [29]

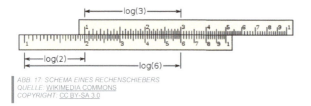

ABB. 17: SCHEMA EINES RECHENSCHIEBERS
QUELLE: WIKIMEDIA COMMONS
COPYRIGHT: CC BY-SA 3.0

6.10   Die Vier-Spezies-Maschine

Eine Zwei-Spezies-Maschine beherrscht Plus und Minus. Bei der Drei-Spezies-Maschine kommt die Multiplikation hinzu und bei der Vier-Spezies-Maschine gibt es dann schliesslich noch die Division. Die Zwei-bis Vier-Spezies-Maschinen, oder auch Addiermaschinen genannt, waren bis in die Siebzigerjahre des 20. Jahrhunderts weit verbreitet. Meistens wurden diese Computer nach dem Prinzip der Staffelwalze oder des Sprossenrads konstruiert. [24]

6.11 Die Sprossenradmaschine

Pro Sprossenrad hat es neun Stifte, für die Ziffern 1 bis 9, die je nach Bedarf des gewünschten Werts ausgefahren werden.

Diese Maschine besteht aus Sprossenrädern, für jede Dezimalstelle Eines. Ein Zählwerk und ein Ergebniswerk sind die anderen Hauptbestandteile.

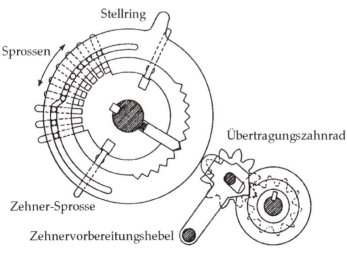

Mit einer Kurbel dreht man die Sprossenräder, so dass für jeden ausgefahrenen Zahn eines Sprossenrades eine Stelle am Ergebniswerk erhöht oder erniedrigt wird, je nach Drehrichtung.

Das Ergebniswerk ist auf einem Schlitten montiert, so dass man um die jeweiligen Zehnerstellen erhöhen kann, also 10er, 100er, 1000er, usw. Viele bauten diese Sprossenradmaschinen, weshalb hier auf eine Aufzählung aller grossartigen Erfinder verzichtet wird. [24]

6.12   Die rechnende Uhr

1623 erfand Willhelm Schickard seine Rechenmaschine "die rechnende Uhr", wie er sie selbst nannte. Schickard gilt als Vater des modernen Computers. Seine Maschine konnte Additionen und Subtraktionen mit ganzen Zahlen durchführen. Diese Rechenmaschine konnte jedoch nicht programmiert, "gefüttert" werden. [24] Einige Gelehrte bezweifelten jedoch, dass diese Maschine wirklich funktionierte, bis sie im Jahr 1960 nachgebaut wurde.

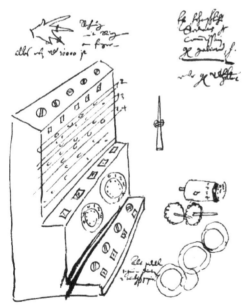

ABB. 20: ORIGINALZEICHNUNG VON WILHELM SCHICKARD
QUELLE: WIKIPEDIA
COPYRIGHT: GEMEINFREI

6.13   Funktionsweise des Schickard-Rechners

Bruno Baron v. Freytag Löringhoff hat im Jahre 1960 diesen Rechner nachgebaut. Die Beweise um seine Funktionsfähigkeit waren somit erbracht.

Dieser geniale Computer konnte bis zu sechs Stellen bewältigen. Es gab also 6 Achsen. Auf jeder Achse sass ein Zahnrad mit zehn Zähnen, eine Walze mit den zehn Ziffern, welche in den Fensterchen erschienen. Ausserdem gab es noch jeweils ein Zahnrad mit nur einem Zahn, für den Zehnerübertrag.

Zur Vereinfachung der Multiplikation und Division war eine zusätzliche Vorrichtung angebracht, die es erlaubte, Zwischenresultate zu speichern, aber manuell bedient werden musste. Da die Multiplikation und Division im algebraischen Sinn nichts anderes sind, als vereinfachte Additionen und Subtraktionen, war diese Zweispeziesmaschine dank der Speichervorrichtung auch eine Vierspeziesmaschine. Nach einer kompletten Umdrehung eines Rades kam eine Dezimalstelle dazu oder eine Stelle wurde weggenommen [24].

6.14   Beispielrechnung

Da dieser Schritt, wie der Abakus, ein enorm wichtiger in der Entwicklung war, soll hier seine Funktionsweise anhand einer Multiplikation erläutert werden. Unsere Rechnung ist für dieses Beispiel: **5 x 8735**.

1. Schritt

Man dreht den Zylinder, so dass 8735 im Anzeigefeld erscheint:

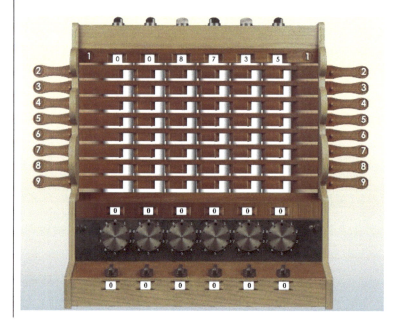

2. Schritt

Da mit der Zahl **5** multipliziert werden soll zieht man jetzt den fünften Schieber:
Es erscheint ganz rechts die Zahl **25 (= 5 x 5)**. Daneben nacheinander (von
rechts nach links) die Zahlen **15**, **35** und **40**.

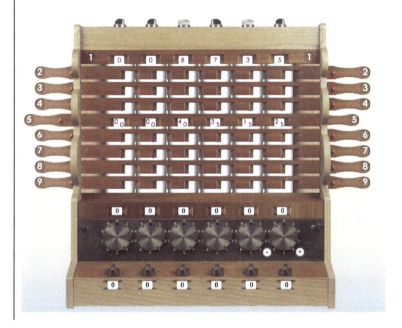

3. Schritt

Die erschienene Zahl **25** wird in das Addierwerk eingedreht.

Im Ergebniswerk erscheint die **5** und der Übertrag ist **2**.

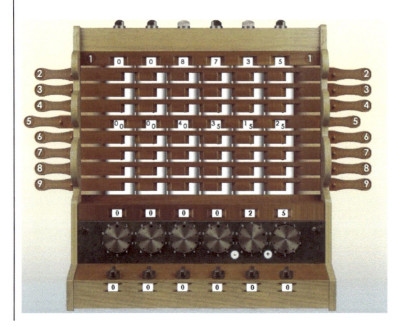

4. Schritt

Jetzt wird die Zahl **15** in das Addierwerk eingedreht. Die Zahl **15** erscheint als zweite Zahl von rechts. Im Ergebniswerk erscheint **075** und der Übertrag ist **1**.

5. Schritt

Jetzt wird die Zahl **35** in das Addierwerk eingedreht. Die Zahl **35** erscheint als dritte Zahl von rechts. Im Ergebniswerk erscheint **0675** und der Übertrag ist **3**.

6. Schritt

Jetzt wird die Zahl **40** in das Addierwerk eingedreht.

Die Zahl **40** erscheint als vierte Zahl von rechts im **2**.

Im Ergebniswerk erscheint **03675** und der Übertrag ist **4**.

Das Gesamtergebnis ist somit **43675**.

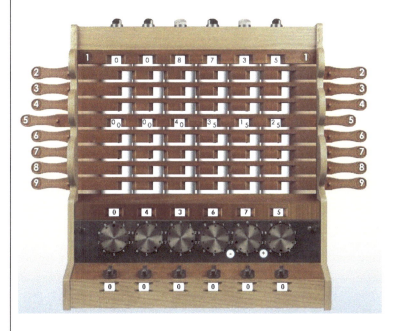

Quelle: **[24]**

6.15   Die Pascaline

Blaire Pascale hat einen der berühmtesten Rechner gebaut, der heute noch existiert. Im Prinzip funktioniert er ähnlich wie der Schickardsche Rechner. Pascale baute seinen Computer im Jahre 1642 im Alter von 19 Jahren. Durch ständige Verbesserung und Weiterentwicklung entstanden über Jahrzehnte fünf- bis zwölfstellige Maschinen.

Mit dieser Maschine konnten Additionen und Subtraktionen, nicht jedoch Multiplikationen und Divisionen ausgeführt werden, also eine Zwei-Spezies-Maschine. Seine Technik wird heute noch in Kilometerzählern verwendet. Es wird angenommen, dass Pascale Informationen von Schickard besass, da in seinen Aufzeichnungen nichts Derartiges gefunden wurde. Ein Computer mit 8 Einstellrädern konnte Zahlen mit bis zu 8 Stellen addieren oder subtrahieren. Eine grosse Einschränkung war allerdings, dass das Resultat auch auf acht Stellen begrenzt war. [24]

6.16   Die Staffelwalze

Vom Prinzip her ist die Konstruktion ähnlich wie bei der Sprossenradmaschine, jedoch sind die Ziffern von 0 - 9 auf einer horizontalen Walze platziert. Das oberhalb platzierte Zahnrad wird nun auf einem Schlitten in der Achsenrichtung der Walze verschoben. Bei Null hat es keinen Zahn auf der Walze, bei der Zahl 6 beispielsweise wird die Walze um sechs Zähne gedreht. Gottfried Leibniz gilt als Erfinder dieser Konstruktion.

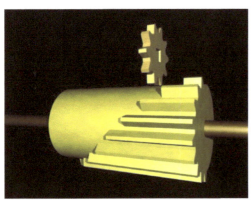

ABB. 22: PRINZIP EINER STAFFELWALZE
QUELLE: IT-SPOTS
COPYRIGHT: GNU-LIZENZ FÜR FREIE DOKUMENTATION

Diese Verbesserung erlaubte es, mit allen vier Grundoperationen rechnen zu können. Ausserdem hatte der Rechner eine Übertragungsfunktion in Form eines Räderwerks, welches die eingestellten Zahlen automatisch in die nächsthöhere Dezimalstelle schrieb. [24]

6.17   Weitere Rechenmaschinen

Im 17. Und 18. Jahrhundert wurden zahlreiche mechanische Computer gebaut, die im Prinzip gleich oder ähnlich funktionierten, wie die bereits Erwähnten. Deshalb werden die wichtigsten Maschinen, deren Konstrukteur(e) und das Jahr in folgender Liste dargestellt.

Jahr	Konstrukteur	Maschinentyp
1623	Schickard	Addiermaschine
1642	Pascal	Addiermaschine
1659	Burattini	Addiergerät
1666	Morland	Addiergerät
1673	Leibniz	Staffelwalze
1673	Morland	Multipliziergerät
1678	Grillet	Addiergerät
1688	Perrault	Addiergerät
1694	Leibniz	Staffelwalze
1698	Brown	Addiergerät
1673	Leibniz	Staffelwalze
1673	Morland	Multipliziergerät
1678	Grillet	Addiergerät
1688	Perrault	Addiergerät
1694	Leibniz	Staffelwalze
1730	Boistissandeau	Addiermaschine
1750	Pereire	Addiergerät
1769	Hahn	Multipliziergerät
1770	Jacobson	Rechenmaschine
1774	Hahn	Staffelwalze
1775	Stanhope	Staffelwalze
1777	Stanhope	Stellsegment
1780	Stanhope	Addiermaschine
1783	Müller	Staffelwalze
1785	Hahn	Addiermaschine
1789	Auch	Addiermaschine

TABELLE 8: LISTE DER RECHENMASCHINEN UND DEREN ERFINDER

6.18   Der Rechner wird automatisch

Charles Babbage's Differenzmaschine N°1 begann er um 1822 zu entwerfen. Daraus entwickelte sich die "Analytical Engine" und schliesslich die Differenzmaschine N°2 (Analytische Maschine), die jedoch erst im 21. Jahrhundert nachgebaut wurde. Der Computer funktionierte einwandfrei. Wir sind im Computerzeitalter angekommen.

Alle Babbage-Maschinen wandten das Dezimalsystem an und das binäre System für logische Operationen. (*siehe Kapitel 8.2, Seite 26*) Sogar an Fehlermeldungen wurde gedacht. Die Eingabe erfolgte über Lochkarten, von denen es drei Arten gab. Eine für arithmetische Operationen[7], eine für numerische Konstanten[8] und eine für Lade- und Speicheroperationen.

Eine Lochkarte ist vergleichbar mit einer Computer-Anwendung (Software) aus unserer Zeit. Sie beinhaltet ein Programm in Form von Löchern in einer bestimmten Anordnung. Im Prinzip passiert dasselbe, wenn wir ein Programm doppelklicken, wie wenn wir eine Lochkarte einschieben. Auf der Karte bestimmen die Löcher, in der Anwendung die Nullen und Einsen den gewünschten Ablauf.

Die Ausgabe erledigte ein Drucker, angetrieben wurde das Ganze mit einer Dampfmaschine. Ausserdem waren Schleifen[9] und bedingte Verzweigungen möglich. Der Rechner akzeptierte nur Zahlen, somit war es ein digitaler[10] Rechner. Darauf kommen wir noch zurück.

Die erste Differenzmaschine hätte ca. 15 Tonnen gewogen, aus 25'000 Teilen bestanden und wäre mit 16 Stellen zur Berechnung ausgestattet gewesen. Die Differenzmaschine N°1 wurde jedoch nie gebaut. [30, 31]

---

[7] *Arithmetische Operation:* Addition, Subtraktion, Multiplikation usw.

[8] *Numerische Konstante:* Ein gleichbleibender, konstanter Wert. z. B. Null (als Wert), 60 Minuten einer Stunde, Mehrwertsteuer-Satz usw.

[9] *Schleifen:* Teile eines Programms, die so oft wiederholt werden, bis gewisse Bedingungen erfüllt sind.

[10] *Digital:* (eng. digit) –Zahl, Ziffer; (lateinisch digitus) – der Finger, also eine Zahl

ABB. 23: DIFFERENZMASCHINE N°2 (NACHBAU)
QUELLE: JITZE COUPERUS
COPYRIGHT: CC BY 2.0

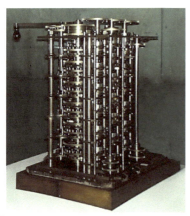

ABB. 24: DETAIL DER DIFFERENZMASCHINE N°1
QUELLE: WIKIPEDIA
COPYRIGHT: GEMEINFREI

Die zweite Differenzmaschine wurde 2005 nachgebaut. Sie besitzt 8'000 Teile, wiegt 5 Tonnen, ist 3.35 m lang und 2.13 m hoch.

Die Funktionsweise der Differenzmaschinen war sehr komplex. Das Verständnis setzt fortgeschrittene mathematische Kennnisse voraus. Die Erklärung der Differenzialrechnung oder des Polynoms würde uns zu tief in die Mathematik führen. Nur soviel; der grosse Vorteil von endlichen Differenzen ist der Verzicht auf Multiplikation und Division. Wenn die ersten zwei Werte bekannt sind, können die folgenden per mathematischer Funktion und simpler Addition berechnet werden. *"...In der Mathematik ist ein Polynom eine Summe von Vielfachen von Potenzen einer Variablen X . In der elementaren Algebra identifiziert man diese formale Summe mit einer Funktion in X (einer Polynomfunktion)..."* [32]

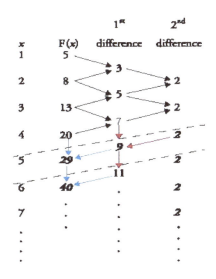

ABB. 25: METHODE DER DIFFERENZEN
QUELLE: HOW IT WORKS
COPYRIGHT: UNBEKANNT

Diese "Analytical Engine" war der letzte grosse Entwicklungsschritt im 19. Jahrhundert. Es folgten weitere Computer und Entwicklungen, die aber keine wirklich neuen Errungenschaften beinhalteten. Die Euklid und die Curta, zwei besondere Modelle, sollen dennoch vorgestellt werden, bevor uns schliesslich die Elektrizität einen Schritt weiter bringt.

6.19 Wahr oder falsch

Die Entwicklung des binären Zahlensystems war ein zwingend erforderlicher Schritt für die Entwicklung digitaler Computer. George Boole beschäftigte sich mit Algebra und Logik. 1847 veröffentlichte er eine Arbeit mit dem Titel "The Mathematical Analysis of Logic", (Die mathematische Analyse der Logik). Er erweiterte den Gedanken von Leibniz (Staffelwalze), wonach Logik und Mathematik einen Zusammenhang, eine Beziehung haben und entwickelte die bool'sche Algebra, die auf wahr oder falsch beruht. [33] Auf diesem System basieren alle modernen Rechner. Auch sämtliche Programmiersprachen kennen dieses Prinzip für Entscheidungen (Selektionen) innerhalb eines Programmablaufs.

6.20 Der Proportionalhebel

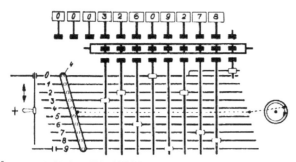

ABB. 26: PROPORTIONALHEBEL-ADDITION
QUELLE: WITTKE, H.: DIE RECHENMASCHINE UND IHRE RECHENTECHNIK. BERLIN 1943

Anstatt die Kreisbewegung zu nutzen, gab es hier zehn Zahnstangen, die mit einem Schwinghebel verbunden waren. Mit einer Kurbel wurde der Hebel bewegt, der links auf einer Zahnstange fixiert wurde.

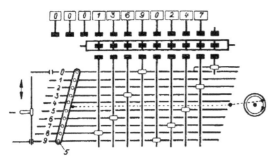

ABB. 27: PROPORTIONALHEBEL-SUBTRAKTION
QUELLE: WITTKE, H.: DIE RECHENMASCHINE UND IHRE RECHENTECHNIK. BERLIN 1943

Die fixierte Stange bewegte sich nicht, jedoch alle Anderen um soviel Zähne, wie sie von der fixierten Stange entfernt waren. Die Anzahl der verschobenen Zähne wurde mittels kleiner Zahnräder unterhalb der Zahnstangen ins Resultatwerk übertragen.

Im Jahre 1913 entstand nach diesem Prinzip mit der Mercedes Euklid der erste Vollautomat. Auf Tastendruck lief die Berechnung automatisch ab. [34, 35]

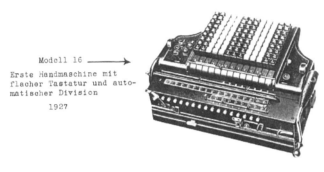

6.21   Die Curta

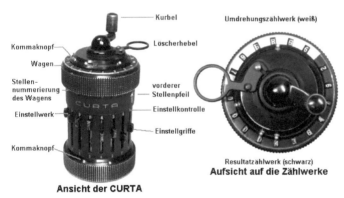

Curt Herzstark verkaufte Rechen-maschinen seines Vaters, die auch nach dem Staffelwalzenprinzip gebaut waren.

Durch einen Kundenwunsch erdachte er 1937 die "komplementäre Staffelwalze" und ein Jahr später gab es ein funktionales Modell. [24]

7   Der Schritt zur Elektrizität

Der elektrische Strom revolutionierte unser aller Leben. Heute ist es schlicht nicht mehr denkbar, ohne Strom zu existieren. Für die Computer bedeutete dies einen gewaltigen Schritt vorwärts, etliche mechanische Teile wurden nicht mehr benötigt, da zuerst die Elektronenröhren, Relais, später dann die Transistoren und schliesslich Halbleiter die Mechanik ersetzten. Im 20. Jahrhundert war einiges los. Innerhalb sehr kurzer Zeit entwickelte sich der Computer zu dem, was er heute ist.

Thomas Edison erfand um 1880 die Glühbirne und fand "nebenbei" heraus, dass über eine eingeführte Elektrode (einen leitfähigen Draht), bei positiver Spannung Stromfluss messbar ist. Bei negativer Spannung ist kein Fluss mehr zu messen. Man nennt dies den Edison-Effekt.

7.1   Die Elektronenröhre

Die Elektronenröhre besteht aus einem luftleeren Glaskolben, einer Kathode [11] und einer Anode [12]. Natürlich gibt's noch Anschlüsse für die Stromzufuhr. Vereinfacht gesagt, sind diese Röhren, wie Glühbirnen voller Strom oder eben nicht, Ja oder Nein, Eins oder Null. Durch Ableitung, Abschwächung oder Verstärkung der Stromzufuhr entstehen neue Kombinationen aus Eins und Null.
Die ersten Röhren wurden in den USA und in Österreich unabhängig voneinander um 1906 erfunden. [36, 37]

---

[11] *Kathode: besteht aus leitfähigem Material, das einem System Elektronen (negativ geladene Teilchen) zuführt [57]*

[12] *Anode: besteht aus leitfähigem Material, das einem System Elektronen abführt. [58]*

7.2   Der binäre Code

Wenn man nun mehrere solcher Röhren hintereinanderschaltet, erhält man immer neue Möglichkeiten, Einsen und Nullen zu kombinieren, der binäre Code in elektrischer Form ist geboren. Die Kombinationsmöglichkeiten entspringen der Logik und sind im Prinzip UND, ODER, NICHT und natürlich Kombinationen dieser Möglichkeiten. Man nennt diese Kombinationsmöglichkeiten auch logische Operatoren.

Ein einfaches Beispiel:

Röhre Eins hat positive Spannung, die Röhre Zwei eine Negative. Eine Dritte Röhre wird nur unter Strom gesetzt, wenn Röhre Eins UND Röhre Zwei eine positive Spannung haben.

7.3   Der Röhrencomputer

Der erste war der Atanasoff-Berry-Computer ("ABC") der zwischen 1937 und 1941 gebaut wurde. Atanoff standen keine Röhren zur Verfügung, weshalb er Vakuumröhren oder -schläuche (engl. *vacuum-tubes*) verwendete. Diese brauchten sehr viel Strom, wurden dadurch extrem heiss und waren aus diesem Grund auch nicht zuverlässig.

Die logischen Abläufe, die durch diese *Tubes* definiert waren, konnten 30 Gleichungen mit ganzen, reellen Zahlen pro Sekunde verarbeiten. Es gab auch einen Arbeitsspeicher[13], dessen Werte mit Hilfe von Stromstössen am Leben erhalten wurden.

Zur definitiven Datenspeicherung wurde ein Trommelspeicher verwendet, der später noch beschrieben wird. Zur Eingabe dienten auch hier Lochkarten. [38] [39]

7.4   Das Relais

"…Relais sind elektromagnetische oder elektromechanische Schalter. Sie werden zum Ein-, Aus- oder Umschalten von Stromkreisen verwendet. Das klassische Relais ist ein elektromagnetischer Schalter…" [39]

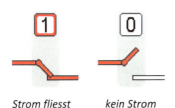

Strom fliesst   kein Strom

Das heisst, man kann nun mit viel weniger Material- und Energieaufwand eine Spannung generieren, *wahr (1)* oder *falsch (0)* erzeugen. Dies bedeutet einen grossen Vorteil gegenüber Elektronenröhren.

Erinnern wir uns an das binäre Zahlensystem, die Röhren und die logischen Operatoren. Untenstehende Grafik zeigt eine UND-Verknüpfung.

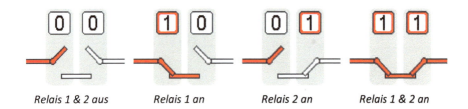

Relais 1 & 2 aus   Relais 1 an   Relais 2 an   Relais 1 & 2 an

Der Stromkreis wird nur geschlossen, wenn Relais 1 UND Relais 2 eingeschaltet sind (auf 1). Quelle & Abb. [40]

---

[13] *Arbeitsspeicher: (RAM Random Access Memory) schneller Zwischenspeicher des Computers, der volatil ist, d.h. überschrieben werden kann und beim Fehlen von Strom gelöscht wird.*

Doch bevor wir zu Analytikern werden, gehen wir weiter zu immer schneller werdenden, höheren Kommastellen berechnenden, von Bits zu Terabits[14] rasenden Rechenmaschinen des 20. Jahrhunderts.

7.5   Speicher oder die erste Festplatte

ABB. 31: TROMMELSPEICHER
QUELLE: WIKIPEDIA CREATIVE COMMONS
COPYRIGHT: GEMEINFREI

Bis anhin wurde manuell, per Druck auf Papier, auf Lochkarten oder gar nicht gespeichert. Heute benutzen wir (noch) Festplatten, die einen Lesekopf pro Scheibe haben. 1933 wurde der Trommelspeicher entwickelt, der anstatt auf einer Scheibe zu speichern, seine Daten mittels eines Lesekopfs pro Speichereinheit auf die magnetischen Zylinderwände "schrieb". Diese Art Speicher war bis in die 60er-Jahre weit verbreitet. [41] Auf eine exakte Funktionsbeschreibung wird hier bewusst verzichtet. Das Prinzip wurde später beim Magnetband wieder aufgegriffen.

---

[14] *Tera(-bit)*: Kilo => 1'000, Mega => 1'000'000, Giga => 1 Mia., Tera => 1 Billion (1'000 Mia)

Später wurden die Trommelspeicher durch Kernspeicher oder Magnetkernspeicher ersetzt, da diese ohne bewegliche Teile auskamen und weniger Platz einnahmen. Sie bestanden aus Drähten, die eng um magnetische Kerne gewickelt waren. Zusätzlich waren Lese- und Schreibleitungen angebracht. [42]

ABB. 32: KERNSPEICHER
QUELLE: WIKIPEDIA CREATIVE COMMONS
COPYRIGHT: CC BY-SA 3.0

7.6   Bits and Bytes

Wir werden nun in die Jahre kommen, in denen die Leistung eines Computers unter anderem in Bits pro Sekunde gemessen wird. Ein Bit ist die kleinste Einheit um die zwei Möglichkeiten zu umschreiben, nämlich 0 oder 1. Die nächst höhere Einheit ist das Byte, welches 8 Bit enthält.

Mit diesen 8 Bits können 256 verschiedene Zustände dargestellt werden, nämlich von 0 bis 255. Der kleinstmögliche Wert ist demnach 00000000. Zur besseren Lesbarkeit wird es in zwei Vierer-Gruppen aufgeteilt, also 0000 0000. Die Tabelle links zeigt, wie unser PC eigentlich zählt.

Binäres System	vs	Dezimales System
0000 0000		0
0000 0001		1
0000 0010		2
0000 0011		3
0000 0100		4
0000 0101		5
0000 0110		6
0000 0111		7
0000 1000		8
0001 0000		16
0010 0000		32
0100 0000		64
1000 0000		128
1111 1111		255

7.7   Konrad Zuse

Sein Z3 war der erste Computer, der vollautomatisch ablief, programmgesteuert funktionierte, frei programmierbar war und Gleitkommazahlen[15] binär berechnete. Selbstverständlich war auch ein Speicher vorhanden. 1941 war es soweit. Das Prinzip war eine Kombination von Relais (*siehe 7.4*), die nacheinander geschaltet wurden. So konnten sehr komplexe Rechenoperationen durchgeführt werden. Das Ganze geschah natürlich binär, weshalb es von Vorteil ist, für die folgende Simulation die *Tabelle 9, Seite* **Fehler! Textmarke nicht definiert.** vor Augen zu haben. Dieser Rechner verzichtete ganz auf Elektronenröhren, was sich positiv auf die Leistung auswirkte. [40]

---

[15] *Gleitkommazahl: "…englisch floating point number) ist eine …" annähernde "… Darstellung einer reellen Zahl (Exponentialdarstellung)..". [59]*

7.8   Simulation eines Z3

Die Funktionsweise soll deshalb erwähnt werden, weil alle nachfolgenden Computer bis heute auf diese Weise rechnen, ob es über Relais, Transistoren oder Halbleiter geschieht, spielt keine Rolle. Ausgangslage ist ein Simulator, nach dem Prinzip des Relais (*siehe oben*) den Summand[16] 1 mit Summand 2 addiert. Als Beispiel soll **2 + 3 = 5** dienen. Anhand der *Tabelle 10* sehen wir, wie dies im binären System aussieht.

dezimal	binär
2	10
3	11
5	101

TABELLE 9 BEISPIEL EINER ZUSE-RECHNUNG

Ausgangslage:

Strom fliesst. Es ist aber noch keine Eingabe gemacht worden.

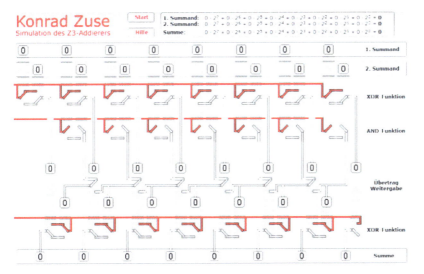

---

[16] *Summand: Ein zu addierender Wert*

1. Summand:
   Die Eingabe **1 0** wird gemacht (2).
   Die Summe ergibt **1 0**, da der 2. Summand **0 0** ist.

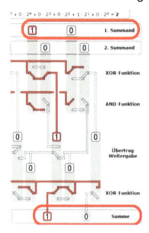

2. Summand:
   Die Eingabe **1 1** wird gemacht(3). Die Summe zeigt nun **1 0 1** (5).
   Schön zu sehen ist die Funktionsweise der Relais mit den
   logischen Operatoren.

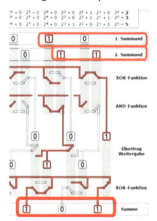

Quelle & Abb. [40]

7.9   Der ENIAC

Der **E**lectronical **N**umerical **I**ntegrator **A**nd **C**omputer war einer der ersten elektronischen Computer. Im Auftrag der amerikanischen Armee entwickelte die University of Pennsylvania den ENIAC und stellte ihn 1951 vor. Er wurde unter anderem für ballistische Berechnungen genutzt.

ABB. 33 DER ENIAC 1951
QUELLE: WIKIPEDIA
COPYRIGHT: GEMEINFREI

Dieses Monstrum besass 17'468 Vakuumröhren, 1'500 Relais, 70'000 Widerstände[17], 10'000 Kondensatoren[18], benötigte die Fläche von 167 m² und wog 30 Tonnen. Seine Leistung war für damalige Zeiten beeindruckend. 5'000 Additionen, 357 Multiplikationen oder 38 Divisionen waren in einer Sekunde möglich. [1]

---

[17] *Widerstand: Zur Regelung der Stromstärke; Zur Umwandlung von Strom zu Wärme [60]*

[18] *Kondensator: Bauteil, das fähig ist, eine gewisse Menge an Elektrizität zu speichern [61]*

7.10   Die letzte grosse Revolution oder was sind Halbleiter?

Das grosse Problem der Röhrencomputer (*ABC_Computer, ENIAC*) war die enorme Hitzeentwicklung. Es waren separate, gekühlte Räume nötig, damit diese stromfressenden Ungetüme nicht kollabierten.

Schnell wurde klar, dass hier etwas getan werden musste. In den 30er-Jahren des 20. Jahrhunderts kamen halbleitende Materialen ins Spiel. Deren enormer Vorteil soll hier erklärt werden. Unter einem leitenden Material versteht man einen Stoff, der Strom gut leitet oder anders gesagt, dem Strom wenig bis keinen Widerstand entgegenbringt. Ein solches Material ist zum Beispiel Eisen. Nichtleitende Materialien sind zum Beispiel Kunststoff oder Porzellan. Sie setzen dem Stromfluss einen grossen Widerstand entgegen. [43]

Nun zu unseren Halbleitern. Symbolisch gesprochen, kann man den Energiefluss in einem Material in zwei "Bänder", Valenz – und Leitungsband, unterteilen. Das Valenzband kann man sich wie die Ladebrücke eines LKWs vorstellen. Im Grundzustand ist die Brücke leer. Das Leitungsband ist die Fracht, die aber über der Ladefläche "schwebt". Bei stark leitenden Materialen "klebt" die Ladung fast auf der Fläche bei Nichtleitenden ist der Abstand gross.

Bei Halbleitern ist diese Distanz so gross, dass die Ströme, die zwischen Brücke und Ladung entstehen, beeinflusst werden können und so die Spannung der Fracht (Null oder Eins) variabel, verstellbar ist. [44, 45]

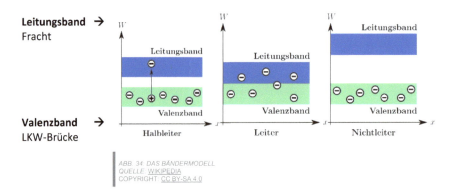

Leitungsband →
Fracht

Valenzband →
LKW-Brücke

ABB. 34: DAS BÄNDERMODELL
QUELLE: WIKIPEDIA
COPYRIGHT: CC BY-SA 4.0

Die Entdeckung dieser Materialen bedeutet, dass man mit viel weniger Stromspannung arbeiten kann, da dieses Zusammenspiel zwischen LKW und Ladung auch bei kleinsten Mengen an Halbleitermaterial gegeben ist. Mit diesen Materialen, hauptsächlich Silizium, kann man mit einem Bruchteil an Strom und Platz, den man für Röhren gebraucht hatte, ein Vielfaches an Berechnungen generieren. Der Transistor war geboren, sozusagen eine "Miniatur-Röhre". Ohne diese Erfindung gäbe es heute keinen Computer zu Hause, kein Laptop für unterwegs, geschweige denn ein mobiles Telefon. [44]

Ein Vergleich soll die Grösse dieser Errungenschaft deutlich machen:

- *Ein ENIAC brauchte 17'468 Vakuumröhren auf einer Fläche von über 100 m2, um 5'000 Additionen pro Sekunde auszuführen, was 5'000 Takten pro Sekunde entspricht.*

- *Ein heute weit verbreiteter 32 Bit-Prozessor beherbergt ca. 24 Millionen Transistoren auf einer Fläche von knapp einem Quadratzentimeter und läuft mit einem Takt von 2'000 MHz, das entspricht 2'000 Millionen, also 2 Milliarden Takten pro Sekunde.* [46]

7.11   Monsterrechner

Es dauerte noch eine ganze Weile, bis die Computer auf die uns bekannten Masse schrumpften. Da gab es noch richtige Ungetüme, die aber in ihrer Zeit die schnellsten Computer waren. Hier sollen einige dieser Dinosaurier kurz erwähnt werden, bevor wir schliesslich zum Personal Computer kommen.

1943 – Colossus

ABB. 35: COLOSSUS
QUELLE: WIKIPEDIA CREATIVE COMMONS
COPYRIGHT: GEMEINFREI

Er las seine Befehle von bedruckten Papierstreifen mit einer Geschwindigkeit von 12 Metern in der Sekunde und konnte 5'000 Zeichen in derselben Zeit verarbeiten. Benutzt wurde er im 2. Weltkrieg, um verschlüsselte Botschaften zu entziffern. [47]

1944 - IBM Automatic Sequence Controlled Calculator

ABB 36 ASCC HARVARD MARK I
QUELLE WIKIPEDIA CREATIVE COMMONS
COPYRIGHT GNU FREE DOCUMENTATION LICENSE

Mit einem Rhythmus von gerade mal 3 Takten pro Sekunde war er nicht gerade eben schnell. Mit 15 Meter Länge, zweieinhalb Meter Höhe und einem Gewicht von 4.5 Tonnen war er ein richtiger Dinosaurier. [47]

1948 - Manchester Small-Scale Experimental Machine

ABB 37 EIN NACHBAU DES SSEM
QUELLE WIKIPEDIA CREATIVE COMMONS
COPYRIGHT GEMEINFREI

Der SSEM konnte gespeicherte Programme ausführen, war aber immer noch ein Röhrenmonstrum. Seine Speicherkapazität lag bei 32 Bit, wobei jedes Bit seine eigene Tastatur hatte. [47]

1948 - IBM 604

Dies war der erste Computer, der kommerziell erfolgreich war. Er wurde 5'000 mal verkauft. Er rechnete mit "nur" 1'400 Röhren. [47]

1953 - IBM 650

Erster Rechner, der in Massenproduktion hergestellt wurde. Es war ein magnetischer Trommelrechner. Die Magnetbändereinheiten, die Kontroll- und die Zähleinheit, ein schneller Arbeitsspeicher (Auxiliary Unit), die Konsoleneinheit (Eingabe) und eine Leseeinheit waren immer noch riesig. Dennoch bedeutete diese Maschine einen Durchbruch, da sie für verschiedene Aufgaben genutzt werden konnte. [47]

Diese Trennung von Einheiten nach Aufgabenbereich nennt man die *von Neumann-Architektur*. Sie wird noch heute verwendet. [47]

1955 - Z22

Konrad Zuse entwarf auch diese Meisterleistung. Mit einem Speicher von 12 x 38 Bit, einem 38'000 Bit grossen Trommelspeicher und einem Kernspeicher als Arbeitsspeicher musste dieses Gerät mit einer Wasserkühlung bestückt werden. [47]

7.12   Der Computer im Büro und zuhause

ABB. 41: IBM 1401 PROZESSOR-EINHEIT
QUELLE: WIKIMEDIA COMMONS
COPYRIGHT: CC BY-SA 3.0

1960 war es dann endlich soweit. Der IBM 1401, der erste universell einsetzbare, erschwingliche Business-Computer war geboren. Diese kleine Revolution funktionierte ausschliesslich mit Transistoren und wurde sage und schreibe 10'000 mal verkauft. Der beliebteste Rechner der 60er-Jahre. [47]

ABB. 42: ANITA MARK C/VIII
QUELLE: WIKIPEDIA CREATIVE COMMONS
COPYRIGHT: GNU FREE DOCUMENTATION LICENSE

Der erste vollelektronische Tischrechner war der Anita MK VIII, der 1961 auf den Markt gebracht wurde. Seine 177 Relais-Röhrchen konnten je ein Bit speichern. Er kostete die stolze Summe von 4'450.- Deutscher Mark. [48]

"...In der Zeitschrift ELEKTRONIK erschien im Heft 1/1962 die folgende Kurzmeldung: Ein Elektronenrechner von der Größe einer Schreibmaschine wird jetzt von einer Londoner Firma angeboten. Er dient zum Addieren, Subtrahieren, Multiplizieren und Dividieren. Zum Überprüfen der Ergebnisse ist eine automatische Kontrollvorrichtung eingebaut. Die Antworten werden in kürzester Zeit in Leuchtziffern erteilt...." [48]

1969 kam der Data General Nova auf den Markt, der so klein war, dass er im Regal für die Stereoanlage Platz fand. Alle seine Bestandteile waren auf nur einer Platine angebracht, was ein grosser Schritt vorwärts war. Später wurden die Kernspeichermodule durch Halbleiterspeicher ersetzt. [47]

7.13   Der Mikroprozessor

ABB. 44: DER KERN EINES INTEL-PROZESSORS
QUELLE: WIKIPEDIA CREATIVE COMMONS
COPYRIGHT: CC BY-SA 3.0

Wie bereits erwähnt, verdrängten die Transistoren nach und nach die Elektronenröhren. Die ersten Prozessoren waren mit Röhren vollgestopfte Wandschränke. Die Taktfrequenz lag bei 100 KHz. Zum Vergleich nochmals die 2'000'000 KHz eines heute gängigen 32 Bit-Prozessors. Da die Transistoren immer kleiner wurden, schrumpften auch die Verbände von Transistoren zu Mikroprozessoren. Der erste 4 Bit starke Verbund wurde 1971 von der Firma Texas Instruments vorgestellt und hatte eine Frequenz von 740 KHz. [49]

7.14   Der Datapoint 2000, der erste PC

Er konnte an Grosscomputer angeschlossen, aber auch unabhängig genutzt werden. Die technischen Daten und die Zubehörliste lesen sich schon fast wie bei einem Computer von heute. [47]

Technische Daten:

- *integrierte Tastatur*
- *integrierter 12-Zeilen, 80 Spalten Grün-Monochrom-Monitor*
- *2 Compact-Cassetten-Laufwerke, 130 KB Kapazität*
- *2 KB RAM (erweiterbar auf 8 KB) (Datapoint 2200 Type I), bzw. 4 KB RAM (erweiterbar auf 16 KB) (Datapoint 2200 Type II)*

Zubehör:

- *Diabolo 2,5 MB 2315 Festplatte (später auch größere Festplatten)*
- *Modems*
- *diverse Interfaces*
- *Drucker*
- *Lochkartenleser*
- *8-Inch Floppy*
- *7/9-Spur Magnetbandlaufwerk* [47]

7.15   Die X86 CPU-Architektur

Mit diesem Thema kommen wir in der Gegenwart an. Da der Datapoint 2000 eben doch noch ab und zu an einen Dinosaurier-Computer angeschlossen werden musste, weil er selber zu wenig Register besass, war natürlich störend. (Register sind die Schubladen eines jeden Prozessors, der mit Transistoren arbeitet.)

Also machte man sich Gedanken, den Prozessor (CPU → Central Processing Unity) eigenständiger zu gestalten. Vor dieser Technologie waren die Register in separaten Einheiten untergebracht. Dies sollte sich nun ändern. Diese ersten x86 Prozessoren hatten vierzehn 16 Bit- Register und das alles in nur einem Bauteil. Datieren kann man diese Geschichte um das Jahr 1978, einige Schritte geschahen davor, einige danach. [50]

7.16   Wir sind angekommen

Von der X86-Techologie an war alles nur noch Steigerung. Die Prozessoren werden immer schneller, leistungsfähiger im Sinn von parallel ausgeführten Operationen und mehr Registern, mehr "Röhren" auf immer kleineren Flächen mit immer weniger Stromverbrauch pro Transistor, Typenbezeichnungen wie 80268, 80368, 80486, usw. geben sich die Klinke in die Hand. Heute haben die meisten Computer einen 64 Bit Dual-Core-Prozessor oder Ähnliches als Herzstück. Auch hier sollen noch ein paar Zahlen genannt werden, um die Entwicklung der Leistung aufzuzeigen.

ABB. 45: INNENLEBEN EINES WASSERGEKÜHLTEN HIGH-END COMPUTER UNSERER TAGE
QUELLE & COPYRIGHT: DANIEL GASSER

Mit 64-Bit können sagenhafte 2^{60} Möglichkeiten (Null und Eins) gleichzeitig kreiert werden.

In Zahlen: 2^{60} = 1024^6 = 1'152'921'504'606'846'976. Einigermassen verständlich ausgedrückt, ist das eine Trillion 152 Billiarden 921 Billionen 504 Milliarden 606 Millionen und 846'976. Das Ganze findet in einem unglaublichen Takt von 4 Gigahertz statt. Wie wir wissen, sind das 4 Milliarden Takte oder einfache Additionen pro Sekunde. [51] *SIEHE KAPITEL 9.11 SEITE 60*.

7.17   Die Supercomputer

Riesige, hallenfüllende Verbände von einzelnen Computern, sogenannte Cluster, besitzen eine exponentielle Leistungssteigerung zur Anzahl der einzelnen Rechner. Dies bedeutet, dass 100 Einheiten zusammen ein Vielfaches mehr als die hundertfache Leistung besitzen. Diese Supercomputer werden zum Beispiel für die Berechnung von grossen Werten mit vielen Variablen, wie Distanzen zu anderen Sonnensystemen, Klimamodellen oder Bevölkerungsentwicklungen verwendet.

Die Leistung moderner Computer misst man in Flops[19]. Wir nehmen obiges Beispiel des 64 Bit-Prozessors. Natürlich spielen unter anderem Faktoren wie Speichergeschwindigkeit, dessen Grösse und Puffer eine Rolle, aber um eine Idee der Leistung dieser Superrechner zu bekommen, stellen wir hier einen groben Vergleich an.

Ein Flops bedeutet ungefähr 1 Addition mit gebrochenen Zahlen, also unnatürlichen Zahlen, pro Sekunde oder wie viele Gleitkommaoperationen[20] pro Sekunde schaffe ich? Der Z3 von Zuse SIEHE KAPITEL 9.7 SEITE 56, schaffte etwa 2 Flops. Der leistungsfähigste Supercomputer steht in Japan und hat eine unvorstellbare Leistung von 10.51 Petaflops (das sind 10^{15} oder eine Zehn mit 15 Nullen). [52, 2] Da eine Berechnung mit Gleitkommazahlen mehr Leistung benötigt als eine Addition von ganzen Zahlen, ist Diese nur sehr begrenzt vergleichbar mit Zuses Z3

---

[19] F.L.O.P.S. (Floating Point Operations Per Second) Gleitkommaoperationen pro Sekunde

[20] Gleitkommazahl: Zahlenwert mit vielen Stellen vor oder nach dem Komma, die der Einfachheit halber als Gleitkommazahlen dargestellt werden. Die Stellen werden gerundet und als Exponent gespeichert.
Beispiel: 12.3456789 → 12.36
Auch Computer rechnen mit Gleitkommazahlen, da sie einfacher zu handhaben sind, als lange Kommastellen.

7.18   Mobile Computer

ABB. 47: MODERNE SMART-PHONES MIT ALLEN SCHIKANEN
QUELLE: FLICKR.COM

Wer hat noch kein "Mobile", ein "Handy", ein mobiles Telefon? Die Pads, Handhelds, Laptops, die wir wie selbstverständlich tagtäglich um uns haben, sind wahre Meisterwerke der Technik.

Leistungsstarke Prozessoren, viel Speicher, Film- und Bildkamera, Internet natürlich, jede Menge Spiele und vieles mehr in nur einer Hand. Telefonieren kann man auch noch.

Mit dieser Meisterleistung der Computertechnologie sind wir im Jetzt angekommen. Nun wollen wir noch einen kleinen Ausblick für morgen wagen.

8   Was ist morgen?

Die Zukunft ist ungewiss. Dieser Abschnitt beinhaltet viel Subjektives. Jeder stellt sich die Zukunft anders vor. Ein Gemisch aus Fantasie, Information und Wunschdenken bestimmt dabei die Vorstellung.

Was relativ klar scheint, ist, dass wir auch morgen nicht mehr ohne Computer sein werden. Voraussetzung ist natürlich, dass die Energie- und Rohstoffversorgung weiterhin gewährleistet ist. Wir werden auch weiterhin online[21] sein. Es wird sogar ein Dauerzustand sein. Schon heute gibt es Surfer[22], die keinen Tag ohne Internet sein können; der Autor dieser Geschichte gehört wohl auch zu dieser Gruppe.

Was den Computer anbelangt, tendiert schon heute die Entwicklung zu *Nur einem Gerät für alles*. Ein gutes Beispiel dafür ist das allseits beliebte Smart-Phone[23]. Es vereinigt Computer, Fernsehgerät, Stereoanlage, Schreibmaschine, Spielplatz, Bibliothek und vieles mehr in einem handgrossen Wundergerät. Natürlich dient es auch dem Anrufen von Mitmenschen.

In Zukunft werden wir auch zuhause nur noch ein Gerät besitzen, das vom Füttern der Katze bis hin zur automatischen Nachbestellung von nicht mehr vorhandenen Lebensmitteln im Kühlschrank alles erledigt. Wir werden vollautomatische Häuser haben, die selbstständig die günstigsten Energiequellen anzapfen, Schäden vollautomatisch dem Handwerkerroboter melden oder nur befugten Personen Zutritt gewähren.

---

[21] *online:* aus dem Englischen (on the line) "auf der Linie". Bezeichnet eine aktive Verbindung mit einem Netzwerk, meistens dem Internet

[22] *Surfer:* aus dem Englischen (the surf) die Brandung. Verb. (to surf) wellenreiten. Im Zusammenhang mit dem Internet bedeutet es jemand, der das Internet "reitet", also jemand der häufig im Internet unterwegs ist.

[23] *Smart-Phone:* "...ist ein Mobiltelefon, das mehr Computerfunktionalität und -konnektivität als ein herkömmliches fortschrittliches Mobiltelefon zur Verfügung stellt..." [62]

Die künstliche Intelligenz ist schon lange ein Schlagwort, das zuerst nur von Science-Fiction-Autoren verwendet wurde und in den Köpfen der Programmierer als Idee vorhanden war. Heute jedoch versteht man unter künstlicher Intelligenz einen Computer, der lernfähig ist. Um aber das menschliche Gehirn wirklich zu kopieren, oder zumindest zu simulieren, dauert es wahrscheinlich noch eine Weile.

Die Schattenseiten der totalen Computerisierung sollen aber nicht unterschlagen werden. Schon heute haben unsere Haustiere Mikro-Chips unter der Haut, damit sie wiedergefunden werden können oder sich die Katzentür nicht auch noch für den Fuchs öffnet. Fänden wir das immer noch so toll, wenn unseren Neugeborenen ein solcher Chip in den Hauptnervenstrang implantiert würde? Oder was geschieht, wenn ein Computer, natürlich ein Intelligenter, in einer Mikrosekunde ausrechnet, dass die auf Kohlenstoff basierende "Maschine" Mensch ineffizient, unzuverlässig, extrem emotional ist und somit nicht mehr benötigt wird? Das hört sich nach grausamer Science-Fiction an, aber ich darf den Roman "1984" von George Orwell erwähnen, der ja auch Fantasie war, heute aber erschreckende Ähnlichkeit mit der Wirklichkeit hat. Eine gesunde Skepsis ist angebracht, finde ich.

In diesem Sinne, freuen Sie sich über Ihren Computer, stellen Sie alles damit an, was möglich ist, aber bleiben Sie der Chef.

9   Zusammenfassung

Was vor ca. 30'000 Jahren mit einem Wadenbein begann *KAPITEL 6.4 DER ISHANGO-KNOCHEN*, entwickelte sich über die Jahrtausende von der Rechenhilfe zum Smartphone. Der Computer hat eine erstaunliche Entwicklung durchlebt, zuerst nur mit Einkerbungen, später mit Kugeln, dann mit Zahnrädern, Elektronenröhren und Transistoren, die schliesslich im Mikroprozessor mündeten. Das Bedürfnis, beim Rechnen Hilfe zu bekommen oder unser Hirn nicht mit Unnötigem zu belasten, ist wahrscheinlich so alt wie wir selbst. Es ist ein Werkzeug, das unserer Intelligenz entspricht. Denn auch unser Hirn ist ein Computer, der um ein Vielfaches leistungsstärker ist als jeder Supercomputer.

Zusammenfassend kann also gesagt werden, dass der Computer, die Rechenmaschine, die Rechenhilfe, ja sogar ein Häufchen Steine uns immer weitergebracht haben und uns noch viel weiter bringen werden.

Der Sonnen- und Mondkalender, der die Umlaufbahnen der Himmelskörper so genau berechnete (Mechanismus von Antikythera), dass wir heute noch staunen, den Abakus, der 13-stellige Zahlen berechnen kann, mit Kopfrechnen wäre so eine Zahl eine echte Herausforderung, der Ishangoknochen, 30'000 jährig, dessen Kerben, wie wir gesehen haben, keine zufällige Muster, sondern mathematisch nachvollziehbar sind, die Sprossenradmaschine, der Schickardsche Rechner, die monströsen, stromfressenden Ungetüme der Industrialisierung, der Transistor, die ersten Heimcomputer von IBM und schliesslich unser nicht mehr wegzudenkendes Smartphone haben uns bis hierhin gebracht. Eine Geschichte des Computers.

10 Quellenverzeichnis

10.1 Bilder/Abbildungen

10.2 Tabellen

11 Literaturverzeichnis

[1] Wikipedia, 7 Januar 2012. [Online]. Available:
http://de.wikipedia.org/wiki/Supercomputer#Ausgew.C3.A4hlte_aktuelle_Supercomputer
_.28weltweit.29. [Zugriff am 8 Januar 2012].

[2] „Hauptschule Kuchl, Salzburg," 1 Januar 2012. [Online]. Available: http://www.hs-kuchl.salzburg.at/html/hsk-math/Blatt6.html. [Zugriff am 10 Januar 2012].

[3] M. Tomzak, „Science, Civilisation and Society - Science and technology in India,"
[Online]. Available: http://www.mt-oceanography.info/science+society/lecture14.html.

[4] „Wikipedia," 25 Dezember 2011. [Online]. Available:
http://de.wikipedia.org/wiki/Griechische_Zahlendarstellung. [Zugriff am 8 Januar 2012].

[5] „mathematrix," 2007. [Online]. Available: http://imperium-romanum-europa.npage.de/zahlensystem_87325792.html. [Zugriff am 8 Januar 2012].

[6] „Wikipedia," 11 Dezember 2011. [Online]. Available:
http://de.wikipedia.org/wiki/Geschichte_der_Mathematik. [Zugriff am 8 Januar 2012].

[7] „Wikipedia," 13 Januar 2012. [Online]. Available: http://de.wikipedia.org/wiki/Maschine.
[Zugriff am 15 Januar 2012].

[8] „Wiktionary," 14 Dezember 2011. [Online]. Available:
http://de.wiktionary.org/wiki/Computer. [Zugriff am 7 Januar 2012].

[9] „Wikipedia," 23 Oktober 2011. [Online]. Available: http://de.wikipedia.org/wiki/Ishango-Knochen. [Zugriff am 10 Januar 2012].

[10] „Neotorama - The Wonderfull World of Early Computing," 25 January 2008. [Online].
Available: http://www.neatorama.com/2008/01/25/the-wonderful-world-of-early-computing/. [Zugriff am 10 Januar 2012].

[11] Pletser et Huylebrouck, The Ishango Artefact the Missing Base 12 Link, Noordwijk, The Netherlands, 1999.

[12] J.-C. Martzloff, A history of chinese mathematics, Berlin: Springer, 2006.

[13] Wikipedia, „Counting rods (10.1.2012)
http://en.wikipedia.org/wiki/Counting_rods#See_also," [Online]. Available:
http://en.wikipedia.org/wiki/Counting_rods#See_also.

[14] „Abacus," *Wie geht das?,* p. Seite 2, 1979.

[1
5]   „History of Abacus," 14 Dezember 2011. [Online]. Available:
     http://www.ideafinder.com/history/inventions/abacus.htm,. [Zugriff am 7 Januar 2012].

[1
6]   „Wikipedia," 19 Dezember 2011. [Online]. Available:
     http://de.wikipedia.org/wiki/Abakus_%28Rechenhilfsmittel%29. [Zugriff am 7 Januar
     2012].

[1
7]   „Faedrich.de," [Online]. Available: http://mathe-
     abakus.fraedrich.de/abakus/abasien3.html. [Zugriff am 11 Januar 2012].

[1
8]   4 April 2009. [Online]. Available:
     http://www.spiegel.de/wissenschaft/mensch/0,1518,617069,00.html. [Zugriff am 14
     Januar 2012].

[1
9]   T. A. M. R. Project, „T. A. Mechanism," [Online]. Available: http://www.antikythera-
     mechanism.gr/project/overview.

[2
0]   B. Y. M. X. S. J. T. A. M. H. Z. M. H. R. B. D. R. A. A. M. C. A. H. P. M. T. G. D. A. W. E.
     M. T. Freeth, Decoding the ancient Greek astronomical calculator known as the
     Antikythera Mechanism.

[2
1]   Wikipedia. [Online]. Available: https://de.wikipedia.org/wiki/Pest.

[2
2]   S. Slabihoud, „Der weite Weg bis zur technischen Revolution," [Online]. Available:
     https://8bit-museum.de/sonstiges/rechenmaschinen/.

[2
3]   P. D. W.-M. Lippe, Die Geschichte der Rechenautomaten - von der Antike bis zur
     Neuzeit.

[2
4]   Wikipedia, „Yi Xing," [Online]. Available: http://de.wikipedia.org/wiki/Yi_Xing.

[2
5]   Wikipedia, „Ideenlehre," [Online]. Available: http://de.wikipedia.org/wiki/Ideenlehre.

[2
6]   Wikipedia, „Logarithmus," [Online]. Available: http://de.wikipedia.org/wiki/Logarithmus.

[2
7]   Wikipedia, „Napiersche Rechenstäbchen," [Online]. Available:
     http://de.wikipedia.org/wiki/Napiersche_Rechenst%C3%A4bchen.

[2
8]   Wikipedia, „Rechenschieber," [Online]. Available:
     http://de.wikipedia.org/wiki/Rechenschieber.

[2
9]   Computerhistory.com, „The Babbage Engine," [Online]. Available:
     http://www.computerhistory.org/babbage/history/.

[3 Wikipedia, „Analytical Engine," [Online]. Available:
0] http://de.wikipedia.org/wiki/Analytical_Engine.

[3 Uni-Protokolle, „Polynom," [Online]. Available: http://uni-
1] protokolle.de/Lexikon/Polynom.html.

[3 K. Redshaw, „George Boole (1815 - 1864)," [Online]. Available:
2] http://www.kerryr.net/pioneers/boole.htm.

[3 S. Weiss, Ausführungen und Varianten der Schaltorgane in historischen Vierspezies-
3] Maschinen.

[3 Rechnerlexikon, „Mercedes Euklid Geschichte," [Online]. Available:
4] http://www.rechnerlexikon.de/artikel/Mercedes_Euklid_Geschichte.

[3 Wikipedia, „Elektronenröhre," [Online]. Available:
5] http://de.wikipedia.org/wiki/Elektronenröhre.

[3 Elektromusem, „Die Geschichte der Elektronen-Röhre," [Online]. Available:
6] http://www.elektromuseum.de/Museum/roehrentechnik.html.

[3 T. Hardware, „A Complete History Of Mainframe Computing," [Online]. Available:
7] http://www.tomshardware.com/picturestory/508-2-mainframe-computer-history.html.

[3 Elektronik-Kompendium, „Relais," [Online]. Available: http://www.elektronik-
8] kompendium.de/sites/bau/0207211.htm.

[3 S. Raymond, „Tissaveerasingham - Konrad Zuse," [Online]. Available:
9] http://gymoberwil.educanet2.ch/a.hu/projektarbeit/zuse/simu.htm.

[4 Wikipedia, „Trommelspeicher," [Online]. Available:
0] http://de.wikipedia.org/wiki/Trommelspeicher.

[4 Wikipedia, „Kernspeicher," [Online]. Available: http://de.wikipedia.org/wiki/Kernspeicher.
1]

[4 M. Bellis, „The History of ENIAC Computer," [Online]. Available:
2] http://inventors.about.com/od/estartinventions/a/Eniac.htm.

[4 Elektronik-kompendium.de, „Geschichte der Halbleitertechnik," [Online]. Available:
3] http://www.elektronik-kompendium.de/sites/grd/1011021.htm.

[4 Halbleiter.org, „Halbleitertechnologie von A bis Z," [Online]. Available:
4] http://www.halbleiter.org/grundlagen/leiter/#Halbleiter.

[4 Leifiphysik.de, „Die Erfindung des Transistors," [Online]. Available:
5] https://www.leifiphysik.de/elektronik/transistor/geschichte/die-erfindung-des-transistors.

11 Literaturverzeichnis

[4 Wikipedia, „Mikroprozessor," [Online]. Available:
6] http://de.wikipedia.org/wiki/Mikroprozessor.

[4 P. Kemp, Computergeschichte: 1900 bis Heute.
7]

[4 U. S. Computermuseum der Fakultät Informatik, „Anita Mark VIII," [Online]. Available:
8] http://computermuseum.informatik.uni-stuttgart.de/dev/anita/.

[4 Wikipedia, „Prozessor (Hardware)," [Online]. Available:
9] http://de.wikipedia.org/wiki/Prozessor_%28Hardware%29.

[5 Wikipedia, „x86-Prozessor," [Online]. Available: http://de.wikipedia.org/wiki/X86-
0] Prozessor.

[5 Wikipedia, „64-Bit-Architektur," [Online]. Available: http://de.wikipedia.org/wiki/64-Bit-
1] Architektur.

[5 top500.org, „Top 500 List," [Online]. Available: http://www.top500.org/.
2]

[5 „Wikipedia," 10 Januar 2012. [Online]. Available: http://de.wikipedia.org/wiki/Algorithmus.
3] [Zugriff am 15 Januar 2012].

[5 Google, „Google," [Online]. Available:
4] https://www.google.ch/search?ei=oGeuWsibLcigUebjueAJ&q=Variable&oq=Variable&gs
_l=psy-
ab.3..35i39k1j0i67k1j0i20i263k1j0l2j0i203k1l2j0l3.8560.9615.0.10019.3.3.0.0.0.0.125.32
7.1j2.3.0....0...1.1.64.psy-ab..0.3.325....0.yWbfjGGSvO8.

[5 Wikipedia, „Armillarsphäre," [Online]. Available:
5] http://de.wikipedia.org/wiki/Armillarsph%C3%A4re.

[5 Wikipedia, „Rationalismus," [Online]. Available:
6] http://de.wikipedia.org/wiki/Rationalismus.

[5 Wikipedia, „Kathode," [Online]. Available: http://de.wikipedia.org/wiki/Kathode.
7]

[5 Wikipedia, „Anode," [Online]. Available: http://de.wikipedia.org/wiki/Anode.
8]

[5 Wikipedia, „Gleitkommazahl," [Online]. Available:
9] http://de.wikipedia.org/wiki/Gleitkommazahl.

[6 Wikipedia, „Widerstand (Bauelement)," [Online]. Available:
0] http://de.wikipedia.org/wiki/Widerstand_%28Bauelement%29.

[6   Wikipedia, „Kondensator (Elektrotechnik),“ [Online]. Available:
1]   http://de.wikipedia.org/wiki/Kondensator_%28Elektrotechnik%29.

[6   Wikipedia, „Smartphone,“ [Online]. Available: http://de.wikipedia.org/wiki/Smartphone.
2]